中国宪法故事

ZHONGGUO XIANFA GUSHI

本书编写组

人民出版社

序　言

中国宪法故事很精彩

杨　振　武

宪法是国家主权意志的庄严表达，是国家性质、历史、经验、理念的高度凝练。

1954 年 9 月 20 日，第一届全国人民代表大会第一次会议全票通过《中华人民共和国宪法》。这是中国历史上第一部真正意义上的人民宪法，是中国共产党领导中国人民经过浴血奋战和不懈探索，在取得新民主主义革命胜利、实现民族独立和人民解放、扫除一切旧势力的基础上制定的，是为了建设社会主义新中国而制定的全新的宪法。1982 年 12 月 4 日，第五届全国人民代表大会第五次会议通过现行宪法。这部宪法根据党的十一届三中全会确立的路线方针政策，总结我国社会主义建设正反两方面经验，适应了我国推进改革开放和社会主义现代化建设、加强社会主义民主法制建设的新要求。1988 年、1993 年、1999 年、2004 年、2018 年，在党中央的领导下，全国人大先后五次对宪法作出修改，及时确认党和人民创造的伟大成就和宝贵经验，保证宪法紧跟时代步伐，不断与时俱进，更好推动和保障党和国家事业发展。习近平总书记指出："回顾我国宪法制度发展历程，我们愈加感到，我国宪法同党和人民进行的艰苦奋斗和创造的辉煌成就紧密相连，同党和人民开辟的前进道路和积累的宝贵经验紧密相连。"[1]

我国宪法集中体现了党和人民的统一意志和共同愿望。为了制定好新中国第一部宪法，毛泽东同志率领宪法起草小组在杭州西湖边工作了 77 个日日夜夜，他说："搞宪法是搞科学。""宪法的起草是慎重的，每一条、每一个字都是认真搞了的。"[2] 当时，1.5 亿多人参加了 1954 年宪法草案大讨论，宪法通过后，人民群众自发游行庆祝，抒发当家作主的喜悦自豪之情。1982 年宪法草案交付全国人民讨论时，有 80% 到 90% 的成年公民参加，一位内蒙古的工人用月工资的四分之一发出一封关于宪法修改意见的电报，成为宪法人民性的一个生动缩影。在最近一次宪法修改时，习近平总书记主持召开座谈会听取意见，党中央关于修改宪法部分内容的建议几上几下、反复修改、凝聚共识，并专门召开一次中央全会通过修宪建议。正如习近平总书记所讲："我国宪法实现了党的主张和人民意志高度统一，克服了一切旧宪法只代表少数人意志、

① 习近平：《在首都各界纪念现行宪法公布施行 30 周年大会上的讲话》，人民出版社 2012 年版，第 1—2 页。

② 毛泽东：《关于宪法草案的修改问题》（一九五四年九月十四日），《关于制定中华人民共和国第一部宪法的文献选载》（一九五三年一月——一九五四年九月），《党的文献》1997 年第 1 期。

为少数人利益服务的弊端，因而得到最广大人民拥护和遵行，具有显著优势、坚实基础、强大生命力。"①

宪法是国家的根本法，是治国安邦的总章程。我国宪法确认了中国共产党执政地位和领导核心作用，确立了人民民主专政的国体和人民代表大会制度的政体，确立了国家的根本任务、指导思想、发展道路、奋斗目标和一系列制度、原则、规则、大政方针，是我们国家和人民经受住各种困难和风险考验、始终沿着中国特色社会主义道路前进的根本法治保证。人民代表大会制度不断巩固、完善、发展，中国特色社会主义法律体系如期形成并不断完善，民族区域自治制度彰显中国特色、日益健全完善，"一国两制"构想写入宪法并付诸实践，依法保护国旗、国徽、国歌等国家象征，这些宪法实施的成就，有力推进了国家治理体系和治理能力现代化。

宪法有"居庙堂之高"的宏大叙事，也是饱含温度的公民权利的保障书。现行宪法将"公民的基本权利和义务"一章调整到"国家机构"之前，2004 年宪法修改将"国家尊重和保障人权"写入宪法，充分体现了保证人民依法享有广泛的权利和自由的宪法精神。从选举权到生存权、发展权，从扫盲运动到希望工程，从推动男女同工同酬的申纪兰到促进残疾人权益保障的张海迪，我国宪法为保证公民政治、经济、文化、社会等各方面权利的落实，实现人民对美好生活的向往和追求，提供了坚实而可靠的根本法

---

① 习近平：《谱写新时代中国宪法实践新篇章——纪念现行宪法公布施行 40 周年》，《人民日报》2022 年 12 月 20 日。

保障。

我国宪法全力支持和促进改革开放和社会主义现代化建设。1982 年宪法明确规定，今后国家的根本任务是集中力量进行社会主义现代化建设。经济体制改革的重大成果"国家实行社会主义市场经济"写入 1993 年宪法修正案。小岗村分田到户的"生死状"在宪法关于家庭承包经营制度的规定中得到确认。个体经济、私营经济从社会主义公有制的补充到社会主义市场经济的重要组成部分，再到确立公有制为主体、各种所有制经济共同发展的基本经济制度，都在宪法中得到体现。依照宪法和法律规定，我国已经实施十四个国民经济和社会发展计划或规划，一茬接着一茬干，取得举世瞩目的发展成就。这些都充分体现了我国宪法的独特优势，充分彰显了宪法对国家各项事业发展的规范、引领、推动、保障作用。

宪法的生命在于实施，宪法的权威也在于实施。党的十八大以来，以习近平同志为核心的党中央把宪法实施摆在治国理政的突出位置，强调坚持依法治国首先要坚持依宪治国，坚持依法执政首先要坚持依宪执政，推动我国宪法制度建设和宪法实施取得历史性成就。习近平法治思想特别是习近平总书记关于宪法的重要论述为新时代全面依法治国、依宪治国，推动宪法全面实施，提供了指引和遵循。全国人大常委会加强宪法实施和监督，设立国家宪法日，实行宪法宣誓制度，依据宪法作出授予国家勋章和国家荣誉称号的决定、作出特赦决定，积极稳妥推进合宪性审查工作，坚决维护宪法和基本法确立的特别行政区宪制秩序和法治秩序，等等。这些新理论新实践，让新时代的宪法日益彰显生机活力。

宪法的根基在于人民发自内心的拥护，宪法的伟力在于人民出自真诚的信仰。我国宪法的创制、发展、实施，有着一系列精彩动人的故事。我到人大工作后，愈发深刻感受到，宪法与国家前途、人民命运息息相关。我国宪法深深植根于中国土壤，在推动国家发展、维护人民权益方面发挥着实实在在的作用，具有显著优势和强大生命力，需要全体人民倍加珍惜、精心呵护、自觉贯彻。现在有一种现象，有的人言必称西方，谈起他国宪法掌故头头是道，对我国宪法一知半解；有的食洋不化，拿外国宪政模式生搬硬套，总认为外国月亮比中国圆。所以，讲好中国宪法故事、弘扬中国宪法精神，是各级党政机关、新闻媒体和社会有关方面的重要任务，也是讲好中国故事、彰显中国精神、坚定"四个自信"的重大课题。

2022年是现行宪法颁布施行40周年。我们编写这本《中国宪法故事》，以讲故事的形式，对党领导人民制定宪法、实施宪法的实践和经验进行总结，向读者呈现我国宪法的光辉历程和巨大功效，让党政干部和人民群众领悟到我国宪法是符合国情、符合实际、符合时代发展要求的好宪法，是充分体现人民共同意志、充分保障人民民主权利、充分维护人民根本利益的好宪法，是推动国家发展进步、保证人民创造幸福生活、保障中华民族伟大复兴的好宪法。通过讲好中国宪法故事，推动宪法深入人心、走进人民群众，不断增强全体人民的宪法意识和宪法自信，自觉维护宪法权威和尊严，沿着宪法确定的道路和方向坚定前行，谱写新时代中国宪法实践新篇章，为全面建设社会主义现代化国家、实现中华民族伟大复兴的中国梦不懈奋斗。

（作者为十三届全国人大常委会秘书长、机关党组书记）

目　录

第二篇　宪法是国家制度的最高法律形式

第三篇　宪法为改革开放和社会主义现代化
建设保驾护航

第四篇　宪法是公民权利的保障书

第五篇 让文本上的宪法落地生根、浸润人心

第 一 篇

中国共产党领导人民制定、修改宪法的光辉历程

★★ ★ ★★

中国共产党登上中国历史舞台后，经过艰辛探索和实践，成功在中华大地上制定和实施具有鲜明社会主义性质的宪法、真正意义上的人民宪法，在我国宪法发展史乃至世界宪法制度史上都具有开创性意义，为人类法治文明进步贡献了中国智慧、中国方案。

——《谱写新时代中国宪法实践新篇章——纪念现行宪法公布施行 40 周年》(2022 年 12 月 19 日)

"全国人民的大宪章"

1949 年 9 月，北京中南海怀仁堂，一场影响中国历史进程的重要会议正在进行。中国人民政治协商会议第一届全体会议，通过了具有临时宪法性质的《中国人民政治协商会议共同纲领》（以下简称"共同纲领"）和一系列法律决议，选举中国人民政治协商会议第一届全国委员会委员和中华人民共和国中央人民政府委员，为新中国的诞生作了全面准备。

时间回溯 28 年，为了建立人民当家作主的新中国，中国共产党带领各族人民进行了浴血奋战和艰辛探索，付出了巨大牺牲，即将取得新民主主义革命的胜利。为了建立一个全新的国家、全新的政府，1948 年 4 月 30 日，中共中央发布了纪念"五一"劳动节口号，号召"各民主党派、各人民团体、各社会贤达迅速召开政治协商会议，讨论并实现召集人民代表大会，成立民主联合政府"，得到各民主党派、无党派人士、社会贤达的热烈响应。

1949 年 6 月，新政治协商会议筹备会第一次会议在北平召开。会议决定设立六个小组，分别完成会议各项筹备工作。其中，起草和通过一部各民主阶级、各民主党派、各民族、各人民团体一致接受和遵守的共同纲领，是筹建新中国最重要的基础性工作之一。在起草过程中，毛泽东亲自修改多处条文，周恩来多次主持会议反复听取各方面意见，为共同纲领的起草倾注了大量心血。周恩来在中国人民政治协商会议第一届全体会议上所作的《关于〈中国人民政治协商会议共同纲领〉草案的起草经过和特点》中指出，共同纲领草案是新政治协商会议筹备会第三小组决定由中国共产党负责起草的。草案初稿写出以后，经过七次的反复讨论和修改，由先后到达北平的政协代表五六百人分组讨论两次，第三小组讨论三次，筹备会常务委员会讨论两次，广泛地吸收了各方面的意见，然后将草案提交筹备会第二次全体会议基本通过。

9 月 21 日至 30 日，中国人民政治协商会议第一届全体会议召开，通过了《中国人民政治协商会议共同纲领》和《中国人民政治协商会议组织法》、《中华人民共和国中央人民政府组织法》，作出关于中华人民共和国国都、国旗、国歌、纪年的决议，选举毛泽东为中华人民共和国中央人民政府主席，朱德、刘少奇、宋庆龄等为副主席，产生中央人民政府委员会，选举毛泽东为中国人民政治协商会议第一届全国委员会主席，宣告中华人民共和国的成立。

共同纲领包括序言和总纲、政权机关、军事制度、经济政策、文化教育政策、民族政策、外交政策等七章六十条。共同纲领"总纲"第一条明确规定："中华人民共和国为新民主主义即人民民主主义的国家，实行工人阶级领导的、以工农联盟为基础的、团结各民主阶级和国内各民族的人民民主专政，反对帝国主义、封建主义和官僚资本主义，为中国的独立、民主、和平、统一和富强而奋斗。"与人民民主专政的国体相适应，共同纲领规定了新中国的政体是人民代表大会制度："中华人民共和国的国家政权属于人民。人民行使国家政权的机关为各级人民代表大会和各级人民政府。各级人民代表大会由人民用普选方法产生之。各级人民代表大会选举各级人民政府。各级人民代表大会闭会期间，各级人民政府为行使各级政权的机关。"共同纲领还规定，在经济上，实行"以公私兼顾、劳资两利、城乡互助、内外交流的政策，达到发展生产、繁荣经济之目的"的根本方针；在文化教育上，以提高人民文化水平，培养建设人才为主要任务；在民族政策上，实行团结互助，各民族一律平等，实行民族区域自治制度；在外交上，坚持独立、自主和领土主权的完整，拥护国际持久和平和各国人民间的友好合作，反对帝国主义侵略政策和战争政策的原则。这些主要内容奠定了新中国政治、经济、文化、军事、外交等基本制度和原则。

作为具有临时宪法性质的法律文件，共同纲领是中国人民总结革命斗争经验之后形成的一部人民革命建国纲领，向全世界宣告了中华人民共和国的成立。毛泽东指出："我们现时的根本大法即《共同纲领》"。[①] 刘少奇指出：共同纲领"是目前时期全国人民的大宪章"。[②]

---

① 《毛泽东文集》第六卷，人民出版社 1999 年版，第 81 页。
② 《刘少奇选集》上卷，人民出版社 1981 年版，第 434 页。

习近平总书记在庆祝中国人民政治协商会议成立 65 周年大会上的讲话中指出，中国人民政治协商会议第一届全体会议召开，通过了具有临时宪法性质的《中国人民政治协商会议共同纲领》和有关法律决议，"这标志着 100 多年来中国人民争取民族独立和人民解放运动取得了历史性的伟大胜利，标志着爱国统一战线和全国人民大团结在组织上完全形成，标志着中国共产党领导的多党合作和政治协商制度正式确立。"①

① 习近平:《在庆祝中国人民政治协商会议成立 65 周年大会上的讲话》，人民出版社 2014 年版，第 2—3 页。

"搞宪法是搞科学"

新中国成立之后，国家政治经济社会各领域事业不断推进，制定一部反映社会主义新中国性质、体现亿万人民意志和利益的宪法，成为党和国家的一项重要任务。1953 年 1 月 1 日，《人民日报》发表《迎接一九五三年的伟大任务》的社论，提出"召集全国人民代表大会，通过宪法，通过国家建设计划"是当年的三项伟大任务之一。1 月 13 日，中央人民政府委员会第二十次会议通过了《关于召开全国人民代表大会及地方各级人民代表大会的决议》，并通过了宪法起草委员会名单。当年 12 月，中共中央成立宪法起草小组，由毛泽东亲自挂帅，负责宪法初稿草案的起草工作。

1953 年 12 月 24 日，一辆专列缓缓地驶离北京，前往杭州。途中，毛泽东对随行的宪法起草小组的同志说：治国，须有一部大法。我们这次去杭州，就是为了能集中精力做好这件立国安邦的大事。为了这件大事，毛泽东在火车上度过了自己的 60 岁生日。此后，毛泽东率领宪法起草小组在杭州西湖边度过了 77 个日日夜夜，起草了新中国第一部宪法的草案初稿，史称"西湖稿"，为宪法的正式诞生奠定了重要基础。

在毛泽东的主持下，宪法起草小组首先制定了起草宪法的工作计划。1954 年 1 月 15 日，毛泽东致电刘少奇并中央，通报了宪法起草小组的工作计划，并要求政治局委员和在京中央委员阅看 1936 年苏联宪法和 1918 年苏俄宪法，罗马尼亚、波兰、德国、法国等国宪法以及天坛宪法草案等民国时期宪法文件，为宪法初稿讨论工作做好准备。

2 月 17 日，宪法起草小组完成了宪法草案初稿并送北京在京中央委员审阅。随后，在毛泽东的主持下，根据在京领导同志讨论意见，宪法起草小组于 2 月 24 日、2 月 26 日先后完成"二读稿"、"三读稿"。2 月 28 日和 3 月 1 日，刘少奇在北京主持召开中央政治局扩大会议，讨论并基本通过了宪法草案初稿的"三读稿"，决定由董必武、彭真、张际春等同志组成研究小组，对"三读稿"进行研究和修改。3 月 9 日，宪法起草小组根据讨论意见提交了"四读稿"，为进一步讨论修改宪法草案提供了一个比较成熟的稿本。3 月 12 日、13 日和 15 日，刘少奇再次主持召开中央政治局扩大会议，对"四读稿"进行了讨论修改。3 月 17 日，毛泽东带领宪法起草小组回到北京。3 月 23 日，毛泽东主持召开宪法起草委员会第一次会议，中国共产党中央委员会正式向宪法起草委员会提出了宪法草案（初稿）。

毛泽东说："搞宪法是搞科学。""宪法的起草是慎重的，每一条、每一个字都是认真搞了的。"① 在杭州的 77 个日日夜夜中，从与北京的往来电报落款来看，毛泽东几乎天天工作至凌晨两三点钟，经常一干就是一个通宵，早上才回到住处睡觉，下午 3 时又来办公。

1954 年宪法的起草倾注了毛泽东的大量心血，当时有人提议模仿"斯大林宪法"的称呼，把这部宪法命名为"毛泽东宪法"，毛泽东断然拒绝。毛泽东在 1954 年 6 月 14 日《关于中华人民共和国宪法草案》的讲话中指出："我们的宪法草案公布以后，将会得到全国人民的一致拥护，提高全国人民的积极性。一个团体要有一个章程，一个国家也要有一个章程，宪法就是一个总章程，是根本大法。用宪法这样一个根本大法的形式，把人民民主和社会主义原则固定下来，使全国人民有一条清楚的轨道，使全国人民感到有一条清楚的明确的和正确的道路可走，就可以提高全国人民的积极性。"②

---

① 毛泽东:《关于宪法草案的修改问题》(一九五四年九月十四日)，《关于制定中华人民共和国第一部宪法的文献选载》(一九五三年一月——一九五四年九月)，《党的文献》1997 年第 1 期。

② 《毛泽东文集》第六卷，人民出版社 1999 年版，第 328 页。

1.5 亿人参加宪法草案大讨论

1954 年 6 月 14 日，毛泽东主持召开中央人民政府委员会第三十次会议，一致通过了《中华人民共和国宪法草案》和《关于公布中华人民共和国宪法草案的决议》。会议结束当天，宪法草案即正式公布，郑重地交付全国人民讨论并征求意见。在随后近 3 个月的时间里，一场轰轰烈烈的全民大讨论在全国范围内展开。

"人民宪法人民定"。在 1954 年宪法制定过程中，充分调动了全国各族人民的政治热情，通过实行最广泛的民主来制定真正的人民宪法，又通过宪法来保障人民真正实现人民当家作主。宪法草案初稿形成后，从 1954 年 3 月至 9 月，宪法起草委员会先后召开 9 次会议，研究听取各方面代表意见，对宪法草案的框架、内容和文字进行了反复研究和修改。同时，全国政协和各省市党政机关、军队领导机关，以及各民主党派和各人民团体的地方组织共 8000 多人，用了两个多月时间对宪法草案初稿进行讨论，提出各种修改意见 5900 多条，对宪法草案初稿的修改完善起到了重要作用。在此基础上，中央人民政府委员会决定将宪法草案交付全国人民讨论。

各地群众把宪法看作是人民翻身法、各族人民的团结法、建设社会主义的幸福法，把学习讨论宪法草案当作一件大事、盛事、喜事。全国各界共 1.5 亿多人参加了宪法草案的讨论，约占当时全国总人口的 1/4。在近 3 个月的全民大讨论中，收集整理了包括宪法草案和各组织法草案共 118 万多条修改或补充意见。

在那个火红的年代，人民群众对宪法草案表现出空前的政治热情。各地普遍成立了宪法起草讨论委员会，培养报告员和辅导学习讨论的骨干分子，宪法学界的一些学者纷纷发表文章和学术论文，编写了通俗易懂的小册子。许多地方听报告和参加讨论的人数达到当地成年人口的 70% 以上，个别城市和专区甚至超过了 90%。北京市有百万人参加了讨论，共培训报告员、宣传员 2 万多名，全市 5000 多块黑板都以宣传宪法草案为主要内容。上海市有 270 万人听到了有关宪法草案的报告，基本实现了家喻户晓。在宪法草案公布后不到 1 个月时间内，新华书店在全国发行了 1180 多万册宪法草案，其中包括用蒙、藏、维吾尔、哈萨克、朝鲜等少数民族文字印行的 17 万册。1954 年夏季我国遭遇特大洪涝灾害，许多地方就在防洪大堤上开会讨论，通往北京的道路被洪水冲垮了，就把群众的意见用油纸打包装上飞机运到北京。

源头活水，成就大河奔流。正是通过广泛深入的"开门立宪"，1954 年宪法汇聚了亿万民众的意志和利益，奠定了新中国的制度安排和大政方针，开启了中国社会主义宪法的崭新历史。

一次特殊的临时会议

　　1954 年 9 月 14 日，在第一届全国人民代表大会第一次会议各项筹备工作基本就绪，还有 1 天时间就要开幕的时候，毛泽东专门主持召开了一次中央人民政府委员会临时会议，对即将提交大会讨论的宪法草案作最后的审议。在新中国历史进程中一个重要时刻即将到来之际，有怎样的特殊原因召开临时会议再讨论修改宪法草案呢？

　　1954 年 9 月 9 日，中央人民政府委员会召开第三十四次会议，宪法起草委员会根据广大人民群众在近 3 个月的讨论中提出的意见，经过研究修改后提出了宪法草案，会议讨论并通过了宪法草案，并决定提交大会审议。这已经是中央人民政府委员会第三次讨论修改宪法草案。

　　与此同时，肩负 6 亿全国各族人民的重托，一届全国人大代表陆续赴京报到。自 9 月 6 日起，已经报到的代表按 25 个省、3 个直辖市等单位分成了 33 个代表组，开始讨论宪法草案。其中部分意见已经被吸收到中央人民政府委员会第三十四次会议通过的宪法草案中。

之后的几天里，代表们对宪法草案又提出一些修改完善的意见。宪法起草委员会认真研究这些意见，又对草案作出两处修改。为此，中央人民政府委员会于 9 月 14 日晚专门召开一次临时会议，毛泽东对全国人大代表提出的两项修改意见作了详细说明。毛泽东说，"宪法草案有两个地方要修改，这是全国人民代表大会代表们提出的意见，改了比较好。一个地方是序言第三段：在'第一届全国人民代表大会'后面加'第一次会议'五个字，下面的年月日也填起来，写成'一九五四年九月　日'。年月日前面没有'于'字，因为当初我们的两位语文顾问一致反对加'于'字，提出几次都通不过，我们多数只好服从他们少数。下面'我国的第一个宪法'改为'中华人民共和国宪法'。这些修改都是属于文字性的，但不改不行。""另一个地方是第三条第三款：'各民族……都有保持或者改革自己的风俗习惯和宗教信仰的自由'。代表们有人提出，说改革'宗教'可以，改革'信仰'则不妥。并且第八十八条已经规定'中华人民共和国公民有宗教信仰的自由'。……第三条再讲'改革宗教信仰的自由'，就重复了。"同时，毛泽东还嘱咐关于宪法草案的报告中也应当对上述修改进行说明。至此，宪法草案终于可以提交第二天召开的全国人民代表大会审议了。

9 月 15 日，第一届全国人民代表大会第一次会议开幕。代表们拿到的宪法草案清晰标明：1954 年 6 月 14 日中央人民政府委员会第三十次会议通过，1954 年 9 月 9 日中央人民政府委员会第三十四次会议修正通过，1954 年 9 月 14 日中央人民政府委员会临时会议修正通过。严谨的程序，表明对制定宪法的严肃认真态度。正如毛泽东在中央人民政府委员会临时会议上说的："宪法的起草是慎重的，每一条、每一个字都是认真搞了的。"

"五四宪法"全票通过

　　新中国第一部宪法是 1954 年制定的，因此常被称作"五四宪法"。1954 年 9 月 15 日下午 3 时，还是在中南海怀仁堂，满载着全国各族人民的期待和重托，中华人民共和国第一届全国人民代表大会第一次会议隆重开幕。毛泽东致开幕词，他挥着手，用浓重的湖南口音说："我们这次会议具有伟大的历史意义。这次会议是标志着我国人民从一九四九年建国以来的新胜利和新发展的里程碑，这次会议所制定的宪法将大大地促进我国的社会主义事业。""我们的总任务是：团结全国人民，争取一切国际朋友的支援，为了建设一个伟大的社会主义国家而奋斗，为了保卫国际和平和发展人类进步事业而奋斗。"①

　　当天下午的会议上，刘少奇受宪法起草委员会的委托，作

---

　　① 《毛泽东文集》第六卷，人民出版社 1999 年版，第 349—350 页。

了《关于中华人民共和国宪法草案的报告》。他指出，宪法草案经过全国人民代表大会通过以后，将成为我国的国家根本法，全体人民和一切国家机关都必须遵守。宪法草案及报告得到了与会代表的热烈拥护。代表在发言中对宪法草案及报告给予了高度评价，充分肯定了宪法草案的历史地位，称赞这部宪法是我们各民族人民意志的最集中体现，并对宪法的顺利实施提出意见建议。

经过数天的大会发言讨论后，9 月 20 日下午 3 时，代表们怀着激动的心情走进了会场。出席第一届全国人民代表大会第一次会议的 1197 名代表以无记名投票的方式，在印有汉、蒙、藏、维吾尔四种民族文字的浅红色"通过中华人民共和国宪法表决票"上郑重地划下了一个圈。下午 5 时 55 分，大会完成了计票工作，投票数 1197 张，同意票 1197 张。周恩来宣布，中华人民共和国宪法通过！那一刻，满场欢腾，代表们全体起立，为新中国第一部宪法的诞生而热烈欢呼，雷鸣般的鼓掌声和"中国共产党万岁"、"中华人民共和国万岁"的欢呼声持续了 5 分钟之久。

至此，中国各族人民经过长期艰苦斗争，终于有了第一部代表自己利益的"人民的宪法"。1954 年宪法第一次以根本法的形式，确认了一百多年来中国人民为反对内外敌人、争取民族独立和人民自由幸福进行的英勇斗争，确认了中国共产党领导中国人民夺取新民主主义革命胜利、中国人民掌握国家权力的历史变革，确立了中国共产党在国家中的领导地位。

"五四宪法"的通过，激发了全国人民拥护宪法和遵守宪法的热情。一届全国人大代表胡兆森回忆："大会通过宪法后，在回驻地的车上，我们仍然兴奋不已，欢呼不止。宪法的诞生也受到全国人民的热烈欢呼拥护，老百姓都自发地上大街游行，高呼着拥护宪法的口号。我们的车开得很慢，大家一路欢呼着回到驻地，我连嗓子都喊哑了。"

宪法通过当天，北京、上海等城市的人民群众以不同方式欢庆宪法的颁布。在北京，大街小巷和高层建筑物上，都悬挂起五星红旗，工人、学生、机关干部、街道居民举行了庆祝会、座谈会。全国各地庆祝的游行队伍在城市街道上川流不息。为了纪念这一盛事，当年很多人给自己的孩子起名叫"宪法"，一时之间，"李宪法"、"王宪法"遍及大江南北。全国各族人民如同保护自己的生命财产和幸福前途一样，努力遵守和拥护宪法。

全国各族人民高涨的宪法学习热情，是宪法实施的重要基础和保障。刘少奇在《关于中华人民共和国宪法草案的报告》中最后说："我国宪法的公布，是全国各族人民长期共同奋斗获得了伟大胜利的一个成果，但是这并不是说，宪法公布以后，宪法所规定的任何条文就都会自然而然地实现起来。""我们只有经过艰苦的奋斗和顽强的工作，经过不断的努力的学习，克服横在我们面前的种种困难，才能达到我们的目的。""当我们庆祝宪法的制定和公布的时候，我们全国各族人民必须按照宪法所规定的道路，在中国共产党的领导下，加强团结，继续努力，谦虚谨慎，戒骄戒躁，为保证宪法的完全实施而奋斗，为把我国建设成为一个伟大的社会主义国家而奋斗。"①

① 《刘少奇选集》下卷，人民出版社 1985 年版，第 169、170 页。

一封 200 字的宪法修改意见电报

　　1982 年 11 月 26 日，是五届全国人大五次会议开幕的日子，会议的一项重要议程是审议宪法修改草案。这一天，呼和浩特制锁厂一位叫王银祥的工人，给全国人大写信提出了有关土地利用等问题的四点建议。信寄出之后，他又怕邮递行程太慢错过时间，于是第二天便赶到邮局，用月工资的四分之一发了一封近 200 字的电报陈述自己的建议。11 月 29 日，全国人大宪法工作小组收到了王银祥的建议，经研究决定采纳其中的一点，在宪法草案第十条中增加一款，明确规定"一切使用土地的组织和个人必须合理地利用土地"。

　　在 1982 年宪法修改过程中，这样的生动事例还有很多。1982年 4 月，经过一年多时间的反复修改研究，五届全国人大常委会第二十三次会议决定将宪法修改草案交付全国各族人民讨论。在之后 4 个月的时间里，全国各地 80% 到 90% 的成年公民参加讨论，参与规模之大、热情之高前所未有。通过宣讲和讨论，广大人民群众了解了草案的指导思想、基本精神和基本内容，提高了对社会主义民主和法制的认识，增强了当家作主的责任感，也推动了生产和各项工作。许多海外华侨和港澳同胞也提出了许多意见建议。各方面反馈的意见都认为，草案科学总结了新中国成立30多年的经验，体现了党的十一届三中全会以来的路线方针政策，顺乎民心，合乎国情。宪法修改委员会秘书处根据全民讨论中提出的意见，经过认真研究，对草案进行了修改。许多重要意见都采纳了，对具体规定作了多处补充和修改，总共有近百处，纯属文字的改动还没有计算在内。人民的意志和利益在宪法修改草案中得到充分体现。

11月26日，宪法修改委员会副主任委员彭真向大会作了《关于中华人民共和国宪法修改草案的报告》。3000多名全国人大代表热烈讨论草案，认真发表意见。会场外，包括王银祥在内的广大人民群众也高度关注宪法修改草案，踊跃参与国家立法工作。12月4日，五届全国人大五次会议以无记名投票方式对宪法修改草案进行表决。下午5时45分，大会执行主席习仲勋宣布："根据总监票人的报告，有效票3040张，其中赞成票3037张，反对票没有，弃权票3张。现在宣布中华人民共和国宪法已经由本次会议通过！"会场内掌声雷动。会场外，许多城市的人民群众当晚守候在广播、电视前，为宪法的通过欢欣鼓舞。

1982年颁布施行的现行宪法，科学总结我国社会主义建设历史经验，指明了国家根本道路和发展方向。历经1988年、1993年、

1999 年、2004 年和 2018 年五次修改，宪法在中国特色社会主义伟大实践中紧跟时代前进步伐，不断与时俱进，有力推动和保障了党和国家事业发展。

2383 名代表的紧急议案

宪法作为国家的根本法，具有最高的法律地位、法律权威和法律效力。修改宪法有着极为严格的程序要求。根据宪法第六十四条的规定："宪法的修改，由全国人民代表大会常务委员会或者五分之一以上的全国人民代表大会代表提议，并由全国人民代表大会以全体代表的三分之二以上的多数通过。"现行宪法的五次修改，都是由中共中央提出建议、全国人大常委会向全国人大提出议案的。在 1993 年宪法修改时，出现了 2383 名代表提出紧急议案的故事。

1993 年 2 月 14 日，中共中央提出修改宪法部分内容的建议。2 月 15 日至 22 日，七届全国人人常委会举行第三十次会议，会议讨论了《中共中央关于修改宪法部分内容的建议》，提出全国人大常委会关于中华人民共和国宪法修正案草案，提请八届全国人大一次会议审议。在讨论《中共中央关于修改宪法部分内容的建议》时，一些全国人大常委会委员就多党合作和政治协商制度、社会主义市场经济的具体内涵、集体经济组织的经营方式等问题提出了一些建议。

党中央根据全国人大常委会委员和各方面意见建议，于3月14日向八届全国人大一次会议主席团提出了关于修改宪法部分内容的补充建议，内容有三条，主要是建议在宪法中增加"中国共产党领导的多党合作和政治协商制度将长期存在和发展"，对宏观调控的有关表述以及集体经济组织的经营方式作出修改等。

3月15日，八届全国人大一次会议开幕。3月18日，八届全国人大一次会议主席团举行第二次会议。会议决定将2月14日中共中央关于修改宪法部分内容的建议和七届全国人大常委会提出的宪法修正案草案，以及3月14日中共中央向大会主席团提出的关于修改宪法部分内容的补充建议，提请全国人民代表大会表决。

3月22日，在全国人大分组讨论宪法修正案草案时，12个代表团的代表对宪法修改中的程序问题提出意见建议。郝诒纯、赵梓森代表联合提出"紧急建议"，建议中央修改宪法部分内容的补充建议，应按照宪法规定由五分之一以上的全国人大代表提议。这些建议得到党中央和大会主席团的高度重视。

3月23日，根据党中央关于修改宪法部分内容的补充建议，北京市等32个代表团2383名全国人大代表联合提出了对宪法修正案草案的补充修正案草案。这是《中华人民共和国宪法》颁布实施以来，首次由全国人大代表依照宪法的规定联名提出宪法修正案草案。3月24日，八届全国人大一次会议主席团第三次会议决定将全国人大常委会关于宪法修正案草案和代表们提出的对宪法修正案草案的补充修正案草案合并成一份宪法修正案草案，请各代表团审议。3月29日，八届全国人大一次会议表决通过了《中华人民共和国宪法修正案》。

2383名代表联名提出的"紧急议案"，充分反映了党和国家对于宪法权威的高度重视和对宪法修改工作的严谨态度。

宪法修正案里两个逗号的删改

2004 年 3 月 14 日，是十届全国人大二次会议闭幕的日子。这一天，代表们来到人民大会堂，按照既定日程准备投票表决中华人民共和国宪法修正案。对照 6 天前提交大会审议的草案，大家发现拟表决的宪法修正案草案涉及对土地和私有财产征收、征用及补偿问题的条文，删除了两个逗号。为了删改小小的逗号，大会主席团向代表们提交了长达 450 余字的解释和说明。

宪法修正案草案中原表述为："国家为了公共利益的需要，可以依照法律规定对土地实行征收或者征用，并给予补偿。""国家为了公共利益的需要，可以依照法律规定对公民的私有财产实行征收或者征用，并给予补偿。"在审议时，"并给予补偿"前面的一个逗号引起了一些代表的讨论。有代表提出，以上两处规定中的"依照法律规定"，是只规范征收、征用行为，还是也规范补偿行为，应予明确。由于对此有不同理解，有些代表建议将"补偿"明确为"公正补偿"、"合理补偿"、"充分补偿"、"相应补偿",等等。大会主席团经过认真研究,认为宪法修正案草案上述两处规定的本意是:"依照法律规定"既规范征收、征用行为,包括征收、征用的主体和程序,也规范补偿行为,包括补偿的项目和标准。为了避免理解上的歧义,大会主席团建议在草案中将上述两处规定中"并给予补偿"前面的逗号删去,修改为:"国家为了公共利益的需要,可以依照法律规定对土地实行征收或者征用并给予补偿。""国家为了公共利益的需要,可以依照法律规定对公民的私有财产实行征收或者征用并给予补偿。"

宪法中几个字的变动,对人民权利可能都会有重大影响。一个可能引起歧义的逗号,在经反复研究后最终被修改,正是崇尚宪法、信仰宪法、遵守宪法的一个生动体现。对此,有全国人大代表评价说,这不是一个单纯语法上的问题,而是要清晰地表达立法原意。一个逗号之差,直接关系到公民、集体财产能否得到有力保护的问题。这个逗号删得非常好,更清楚地表明了对征收、征用的补偿必须依法进行。

贯彻落实宪法这一规定,全国人大及其常委会先后制定、修改物权法、土地管理法等相关法律,对征收、征用补偿作出明确规定。2020年5月,十三届全国人大三次会议通过民法典,为保护人民群众的合法权益提供了更加坚实的法治保障。

2018 年宪法修正案诞生记

　　这是共和国宪法发展史、中华民族伟大复兴史上具有里程碑意义的时刻——2018 年 3 月 11 日下午 3 时 52 分，北京人民大会堂，《中华人民共和国宪法修正案》高票表决通过，如潮的掌声在万人大礼堂长时间响起。

　　进入新时代，中国特色社会主义事业发展对修改宪法提出迫切要求。自 2004 年宪法修改以来，党和国家事业又有了许多重要发展变化。特别是党的十八大以来，以习近平同志为核心的党中央团结带领全国各族人民毫不动摇坚持和发展中国特色社会主义，统筹推进"五位一体"总体布局、协调推进"四个全面"战略布局，形成一系列治国理政新理念新思想新战略，推动党和国家事业取得历史性成就、发生历史性变革。由宪法及时确认党和人民创造的来之不易的伟大成就和宝贵经验，以更好发挥宪法的规范、引领、推动、保障作用，是实践发展的必然要求。2017 年 10 月，党的十九大在新的历史起点上对新时代坚持和发展中国特色社会主义作出重大战略部署，确立了习近平新时代中国特色社会主义思想在全党的指导地位，确定了新的奋斗目标，对党和国家事业发展具有重大指导和引领意义。在党的十九大文件起草和形成过程中，在全党全国上下学习贯彻党的十九大精神过程中，许多地方、部门和单位都提出，应该对我国现行宪法作出必要的修改完善，把党和人民在实践中取得的重大理论创新、实践创新、制度创新成果通过国家根本法确认下来，使之成为全国各族人民的共同遵循，成为国家各项事业、各方面工作的活动准则。

2017年9月29日，中南海怀仁堂。习近平总书记主持召开中央政治局会议，决定启动宪法修改工作，成立宪法修改小组。从宪法修改工作启动之初，习近平总书记就明确要求，必须贯彻科学立法、民主立法、依法立法的要求，充分发扬民主，广泛凝聚共识。11月13日，党中央发出征求对修改宪法部分内容意见的通知，请各地区各部门各方面在精心组织讨论、广泛听取意见的基础上提出宪法修改建议。首轮征求意见，各地区各部门和党外人士共提出2639条修改意见。12月12日，中共中央办公厅发出通知，就党中央修宪建议草案稿下发党内一定范围征求意见。各地区各部门各方面反馈书面报告118份，共提出修改意见230条。12月15日，习近平总书记主持召开党外人士座谈会，当面听取各民主党派中央、全国工商联负责人和无党派人士代表的意见和建议。党外人士提交了书面发言稿10份。2018年1月2日至3日，根据党中央安排，张德江主持召开4场座谈会，分别听取中央和国家机关有关部门党委（党组）负责同志、智库和专家学者、各省区市人大常委会党组负责同志对党中央修宪建议草案稿的意见和建议。从中央和国家机关到人民团体，从党员干部到党外人士，各方一同贡献智慧和力量，让宪法更加适应时代需要，回应人民呼声。

2018年1月18日至19日，党的十九届二中全会召开，通过《中共中央关于修改宪法部分内容的建议》。用一次中央全会专门讨论宪法修改问题，在党的历史上还是第一次，充分表明以习近平同志为核心的党中央对宪法修改的高度重视，对依法治国、依宪治国的高度重视。《中共中央关于修改宪法部分内容的建议》起草和完善期间，习近平总书记多次主持中央政治局常委会会议、中央政治局会议，审议草案稿，对工作提出要求、指明方向。宪法修改小组举行13次工作班子会议、4次全体会议，对各方面意见和建议汇总梳理、逐一研究。从各方面提出的数千条建议，到党中央确定的21条修宪建议，修宪工作始终慎之又慎，坚持对宪法作部分修改、不作大改，确保宪法的连续性、稳定性、权威性。

1月29日至30日，十二届全国人大常委会召开第三十二次会议。受中共中央委托，宪法修改小组副组长栗战书就党中央修宪建议向全国人大常委会作了说明。会议全票通过了全国人大常委会关于提请审议宪法修正案草案的议案和宪法修正案草案，决定提请十三届全国人大一次会议审议。

2018年3月5日上午，一本本《中华人民共和国宪法修正案（草案）》，整齐地摆放在出席十三届全国人大一次会议的每一名全国人大代表座席前。肩负全国各族人民的重托，行使宪法法律赋予的神圣职权，代表们对宪法修正案草案进行了认真审议，一致赞同党中央确定的这次宪法修改的总体要求、原则和修正案草案的各项内容，一致认为修正案草案已经成熟，建议本次会议审议通过。部分代表也提出了一些修改意见，对每一条意见和建议，大会秘书处都作了认真研究并给出回应。

3月11日下午，近3000名全国人大代表郑重地在宪法修正案表决票上划票表决，高票通过《中华人民共和国宪法修正案》，完成了宪法修改的崇高任务。宪法修正案确立了习近平新时代中国特色社会主义思想在国家政治和社会生活中的指导地位，调整完善了中国特色社会主义事业总体布局和第二个百年奋斗目标的内容，充实坚持和加强中国共产党全面领导的内容，完善全面依法治国和宪法实施方面的内容，修改完善国家机构方面的规定，增加国家监察委员会的各项规定，为中华民族伟大复兴的中国梦提供了坚实的宪法保障。

为新中国第一部宪法而歌唱

"五四宪法"诞生前后，各地出现了一批歌颂宪法草案、宣传宪法草案的歌曲，体现了中国人民成为国家和社会的主人、"歌唱人民的宪法"、"歌唱祖国的荣光"的自豪和喜悦。

第一届全国人大代表、著名音乐家贺绿汀先生，参与"五四宪法"草案的审议和表决。他在 1954 年 8 月发表歌曲《歌唱宪法》：

一百年英勇的斗争，我们战胜了内外敌人，

各族人民的宪法，在胜利的歌声中诞生。

它肯定了革命的成果，一切权利属于人民；

它指出了幸福的道路，消灭剥削消灭贫困。

我们歌唱宪法，我们拥护宪法，我们坚决保卫人民自己的宪法！

一百年英勇的斗争，我们战胜了内外敌人，

各族人民的宪法，在共产党的领导下诞生。

无数先烈的鲜血，换来人民自己的宪法；

六亿人民的大团结，保证建设社会主义国家。

它指出了幸福的道路，消灭剥削消灭贫困。

我们歌唱宪法，我们拥护宪法，我们坚决保卫人民自己的宪法！

当时，全国各地的音乐工作者围绕"五四宪法"草案征求意见和审议通过，创作了大量歌唱颂扬新中国宪法的歌曲。最具代表性的有：

《歌唱宪法》

赵寰词，萧民曲

我们希望的花朵，我们理想的花朵，

在战斗中开放！

中国人民的宪法，灿烂辉煌的宪法，

是人民用血汗写下，

写下了革命胜利的成果，

权利属于人民！光荣属于人民！

他写下了人民的幸福和理想。

要消灭剥削！要消灭贫困！

建设社会主义天堂！

我们希望的花朵，我们理想的花朵，

在战斗中开放！

中国人民的宪法，灿烂辉煌的宪法，

是人民用血汗写下，

流血牺牲换来了自己的宪法，

我们歌唱她！我们拥护她！

为了我们祖国的繁荣和富强，

我们热爱她！我们保卫她！

我们坚决保卫她！

《歌唱人民的宪法》

顾翌　词曲

幸福的花朵处处开放，

人民的宪法人人赞扬；

它是流血斗争得来的成果，

它是人民民主权利的保障；

它庄严地宣布祖国的明天，

它代表着全国人民的愿望。

我们欢呼，我们歌唱，歌唱人民的大宪章；

我们欢呼，我们歌唱，

歌唱祖国的繁荣富强。

美丽的阳光照到每个地方，

宪法的光芒照到人们心上；

它是共产党带来的幸福，

它是各民族繁荣的保障；

它鼓舞着六亿人民一同向前进，

为了社会主义献出力量。

我们欢呼，我们歌唱，歌唱人民的大宪章；

我们欢呼，我们歌唱，

歌唱祖国的繁荣富强。

《歌唱人民的宪法》

佟志贤词，程云曲

我们的热情像那激流样奔放，

我们的歌声随着彩云荡漾，

这全民欢腾的喜讯，

传遍了大小城市和村庄。

人民的宪法，

写下了幸福的成果，放出了璀璨的光芒。

这是英雄鲜血结成的花朵，

这是千万人民共同的理想。

六亿人民齐声歌唱，

歌唱人民的宪法，歌唱祖国的荣光。

我们大家含着青春的微笑，

迎接着祖国璀璨的曙光，

那庄严神圣的字句，就是劳动创造的力量。

人民的宪法，

写下了幸福的成果，放出了璀璨的光芒。

这是英雄鲜血结成的花朵，

这是千万人民共同的理想。

六亿人民齐声歌唱，

歌唱人民的宪法，歌唱祖国的荣光。

我们热爱自己神圣的权利，

我们拥护庄严的宪法，

用劳动改变祖国的面貌，

到处开遍幸福的宪法。

人民的宪法，

写下了幸福的成果，放出了璀璨的光芒。

这是英雄鲜血结成的花朵，

这是千万人民共同的理想。

六亿人民齐声歌唱，

歌唱人民的宪法，歌唱祖国的荣光。

《歌颂伟大的宪法》

廖晓帆词，竞波曲

金光普照天下，大地开遍了鲜花，

我们齐声欢唱，我们齐声欢唱，

歌颂伟大的宪法。

世界上最宝贵的不是黄金，

最为宝贵的就是人的生命。

为了建立自己的宪法，

人民世世代代流血斗争。

这是毛主席带来的幸福，

我们的前程广阔无边。

沿着社会主义光明的道路，

齐心奔向灿烂的明天。

金光普照天下，大地开遍了鲜花，

我们齐声欢唱，我们齐声欢唱，

歌颂伟大的宪法。

亲手找到的明珠又圆又亮，

亲手种出的果子又甜又香，

宪法的好处说呀说不完，

一字一句都记在人心上。

这是毛主席带来的幸福，

我们的前程广阔无边。

沿着社会主义光明的道路,

齐心奔向灿烂的明天。

《宪法在我们手中诞生》

白堤词,敖学祺、曾毅曲

在毛泽东的太阳照耀下,

宪法在我们的手中诞生。

它刻下我们奋斗百年的伟大胜利,

它鼓舞我们向社会主义前进!

它是全国人民的意志,

它是自由幸福的保证,

它叫剥削和贫困消灭,

它要祖国富强繁荣!

各族人民挽手前进,

我们是国家的真正主人。

我们把一切力量献给伟大的祖国,

劳动给我们带来了无上光荣。

它是全国人民的意志,

它是自由幸福的保证,

它叫剥削和贫困消灭,

它要祖国富强繁荣！

在毛泽东的太阳照耀下，
宪法在我们的手中诞生。
它指引我们幸福的方向，
我们齐向社会主义大道前进！
它是全国人民的意志，
它是自由幸福的保证，
它叫剥削和贫困消灭，
它要祖国富强繁荣！

为了表达对"五四宪法"的拥护和喜悦之情，还有一些地方在传统民歌曲调的基础上，填上了歌颂宪法的新词。比如由邓治安、犹家达作词，配上贵州苗族山歌曲调而成的歌曲《苗家歌唱宪法草案》：

想起从前好伤心，官僚地主狗心肠，
抓兵派款乱要粮，妻离子散好凄凉。
刀耕火种收获少，半年糠菜半年粮，
赶山吃饭四处跑，苗家生活无保障。
共产党来是救星，领导我们翻了身，
当家作主真高兴，制定宪法为人民。
人民政权归人民，工农团结要一心，

宪法上面有规定，权利义务要记清。

兄弟民族团结紧，建设祖国大家庭，

民族平等政策好，宪法上面写得明。

过去妇女受苦深，如今男女都平等，

宪法上面说得有，封建思想要肃清。

千年铁树开了花，人民翻身当了家，

学习宪法心头亮，要唱山歌唱宪法。

中共赤水县委宣传部创作了《宪法带着幸福来》，歌词也很有特色：

太阳出来照山岩，金花银花朵朵开，

金花银花不为贵，宪法带着幸福来。

千年古树开了花，人民有了根本法，

人民宪法放光芒，就是日月也不如它。

三更半夜月不明，提起往事泪盈盈，

老蒋地主伪宪法，整死好多老百姓。

太阳出来云散开，人民革命鲜花开，

开花结果人人喜，人民宪法人民爱。

铁棒磨得像颗针，千年瓦片翻了身，

共患难来同幸福，工农永远一条心。

风吹杨柳柳叶摇，宪法一百零六条，

全国人民学习好，建设祖国心一条。

想起过去受欺压，苗家人人爱宪法，

各章各条都合心，个个看了心开花。

学了宪法心头爽，鸡叫三遍就起床，

展劲做来加油干，保证今年多卖粮。

还有杨登美作词、以男女对唱方式展现的《学好宪法当好家》：

女：

往回哥哥把会开，两个钟头回家来。

昨晚哥哥去开会，为啥鸡叫不转来？

男：

昨晚开会人很多，个个喜得笑呵呵，

宪法正式公布了，热烈讨论半夜过。

女：

开会情形哥讲清，还有一事妹不明，

宪法讲得是些啥，请哥细细讲我听。

男：

宪法好比指路灯，指出建设大方针，

有了宪法来保证，社会主义早建成。

宪法条文讲得请，一切权力属人民，

各族人民来当家，管理国家大事情。

革命斗争百多年，如今人民掌政权，

有了宪法来保障，人民天下万万年。

根本大法内容多，说起硬是热心窝，

男女都有民主权，老少齐唱自由歌。

女：

哥唱宪法妹在听，宪法真是大事情，

条条规定都合意，一心拥护照着行。

男：

一对喜鹊站高墙，大喜临门新气象。

女：

今晚开会我先来，学好宪法好当家。

"五四宪法"草案公布后，福建晋江石狮小学教师潘仁玉创作了歌曲《歌唱宪法公布了》，内容颇具闽南风格：

五月十五这一日，全国人民心花开

（咦吧嗨），

今（仔）日，看见了，

咱们的宪法公布了，胜利的花儿满地开，

结出的果子实在甜，

想当年，先烈流血汗，

今日大家人，达心愿，嗨，达心愿。

人民的心愿万万千，这个心愿盼百年

（咦吥嗨），

新中国，成立了，

穷苦的人民翻了身，人民当家做主人，

天安门前红旗飘，

新宪法，公布了，

感谢毛主席！感谢共产党！

这些特色鲜明、喜庆欢快的歌曲，记录着"五四宪法"诞生时人民群众的激动与幸福，也饱含着人民群众对未来美好生活的期待。时至今日，制定实施"五四宪法"的宝贵经验，仍然深刻影响着现行宪法的实施。

第 二 篇
宪法是国家制度的最高法律形式

我国宪法以国家根本法的形式，确立了中国特色社会主义道路、中国特色社会主义理论体系、中国特色社会主义制度的发展成果，反映了我国各族人民的共同意志和根本利益，成为历史新时期党和国家的中心工作、基本原则、重大方针、重要政策在国家法制上的最高体现。

——《在首都各界纪念现行宪法公布施行 30 周年大会上的讲话》(2012 年 12 月 4 日)

全国人大常委会的立法权

北京人民大会堂常委会会议厅,这里召开的几乎每一次全国人大常委会会议,都有立法议题。"请按表决器","通过",一件件新制定、新修改的法律或决定相继出台。行使立法权是全国人大常委会最重要的职责,也是最繁重的任务。

在人民代表大会制度史上,全国人大常委会行使立法权,有一个逐步发展的过程。1954年宪法规定,全国人大有权制定法律,全国人大常委会的职权是解释法律、制定法令。由于全国人大会议次数少、会期短,代表人数多,难以进行经常性立法工作。1955年7月30日,一届全国人大二次会议作出决议指出,在全国人民代表大会闭会期间,有些部分性质的法律,不可避免地急需常务委员会通过施行。为此,根据宪法规定,授权常委会"依照宪法的精神,根据实际的需要,适时地制定部分性质的法律,即单行法规"。

1959年4月28日,二届全国人大一次会议作出《关于全国人民代表大会常务委员会工作报告的决议》，在批准常委会工作报告的同时，明确：为了适应社会主义改造和社会主义建设事业发展的需要，授权常委会在大会闭会期间，"根据情况的发展和工作的需要，对现行法律中一些已经不适用的条文，适时地加以修改，作出新的规定"。经过这两次授权，全国人大常委会获得了制定单行法规和修改法律的权力。

改革开放后，加强社会主义法治建设成为党和国家的重大任务。当时，政治、经济、社会和对外开放等领域都有一大批法律急需制定出台，新形势新任务要求完善立法体制，增强立法工作力量。全国人大常委会作为全国人大的常设机关，人数少、专业性强，可以经常开会，进行繁重的立法工作和其他工作。适当扩大全国人大常委会的立法等职权，成为各方面的共识。1982年12月4日，五届全国人大五次会议通过现行宪法，第五十八条规定："全国人民代表大会和全国人民代表大会常务委员会行使国家立法权"。由此，宪法明确赋予了全国人大常委会国家立法权。全国人大常委会制定和修改除应当由全国人民代表大会制定的法律以外的其他法律，在全国人民代表大会闭会期间，对全国人民代表大会制定的法律进行部分补充和修改，但是不得同该法律的基本原则相抵触，还有解释法律的职权。

1982年宪法赋予全国人大常委会国家立法权后，全国人大常委会积极履行职责。截至2022年底，我国现行有效法律295件，其中绝大部分都是全国人大常委会制定的。全国人大常委会行使立法权，为中国特色社会主义法律体系的形成与完善发挥了至关重要的作用。

"我赞成第三方案"

1979 年，地方组织法修改工作正在紧张进行中。全国人大常委会法制委员会就取消革命委员会和县级以上地方各级人大设立常务委员会的问题向党中央写了一份报告。报告中说，对此问题有三个方案：（一）通过立法把革命委员会体制固定下来。这样做，不赞成的人可能很多。（二）取消革命委员会，恢复人民委员会。这样做，对于扩大人民民主、健全社会主义法制不一定能有多大实质性的帮助和改进；同时，也牵连到修改宪法的有关条文问题，还可能引出地方各级人民代表大会是否设常务委员会的问题。（三）县级以上地方各级人民代表大会设常务委员会，并恢复人民委员会。这个方案可能比较好些。三个方案究竟采取哪一个好？请中央决定。邓小平在报告上作出批示："我赞成第三方案"。

县级以上地方各级人民代表大会设立常务委员会，是人民代表大会制度不断完善发展的一个生动写照。人民代表大会制度建立时，省、直辖市、县、市、市辖区、乡、民族乡、镇设立人民代表大会和人民委员会，地方各级人民代表大会都是地方国家权力机关。1954 年宪法实施一段时间后，地方人大闭会期间难以开展工作的问题显现出来，不设立常委会，影响地方人大职能作用的发挥。1957 年，全国人大常委会党组曾根据党中央指示，研究提出了关于健全人民代表大会制度的方案，其中就有县级以上地方各级人大设立常委会的设想。由于各方面原因，这一方案被搁置了下来。

党的十一届三中全会后，为适应健全社会主义法制的迫切要求，需要进一步健全人大组织制度、加强人大工作力量。根据邓小平"我赞成第三方案"的批示，县级以上地方各级人大设立常委会，不仅要修改地方组织法，同时也涉及 1978 年宪法的修改。为此，全国人大常委会向五届全国人大二次会议提出《关于修正〈中华人民共和国宪法〉若干规定的议案》。1979 年 7 月 1 日，五届全国人大二次会议通过《关于修正〈中华人民共和国宪法〉若干规定的决议》，明确规定，县和县以上的地方各级人民代表大会设立常务委员会，它是本级人民代表大会的常设机关，对本级人民代表大会负责并报告工作，它的组织和职权由法律规定。地方各级人民政府，是地方各级人民代表大会的执行机关，是地方各级国家行政机关。

这次大会上通过的地方组织法，规定县级以上地方各级人民代表大会设立常务委员会，行使领导或主持人大代表选举、召集人民代表大会会议、讨论决定重大事项、监督、人事任免等职权。

在县级以上地方各级人大设立常委会，是新时期完善人民代表大会制度的重大举措，有力加强了地方政权建设，保证了在中央统一领导下更好发挥地方的积极性。这一规定在 1982 年宪法修改中得到确认。

中国特色社会主义法律体系的形成

2011 年伊始，北京人民大会堂金色大厅。十一届全国人大常委会委员长吴邦国宣布："一个立足中国国情和实际、适应改革开放和社会主义现代化建设需要、集中体现党和人民意志的，以宪法为统帅，以宪法相关法、民法商法等多个法律部门的法律为主干，由法律、行政法规、地方性法规等多个层次的法律规范构成的中国特色社会主义法律体系已经形成，国家经济建设、政治建设、文化建设、社会建设以及生态文明建设的各个方面实现有法可依。"①这是我国社会主义民主法治建设史上的重要里程碑，是中国共产党领导亿万人民经过艰辛探索和努力奋斗取得的历史性成就。

1978 年，党的十一届三中全会作出了把党和国家的工作重点转移到经济建设上来、实行改革开放的历史性决策，并提出为了保

---

① 《吴邦国论人大工作》（下），人民出版社 2017 年版，第 549 页。

障人民民主，必须加强社会主义法制，使民主制度化、法律化，使这种制度和法律具有稳定性、连续性和极大的权威，做到有法可依、有法必依、执法必严、违法必究，明确提出全国人大及其常委会把立法工作摆到重要议程上来。由此开启了我国改革开放和社会主义民主法治建设的历史新时期。1979 年，五届全国人大二次会议在通过关于修正宪法若干规定的决议的同时，审议并通过了全国人民代表大会和地方各级人民代表大会选举法、地方各级人民代表大会和地方各级人民政府组织法、人民法院组织法、人民检察院组织法、刑法、刑事诉讼法、中外合资经营企业法等 7 部法律，拉开了新时期大规模立法工作的序幕，从此我国立法活动全面恢复并迅速开展。

1982 年，五届全国人大五次会议通过了我国现行宪法，确立了国家的根本制度、根本任务和国家生活的基本原则，为新时期改革开放和社会主义现代化建设提供了根本保障，也为立法活动提供了根本遵循。1992 年，党的十四大作出建立社会主义市场经济体制的重大战略决策，明确提出社会主义市场经济体制的建立和完善必须有完备的法制来规范和保障。全国人大及其常委会加快经济立法，在规范市场主体、维护市场秩序、加强宏观调控、促进对外开放等方面制定多部法律。1997 年，党的十五大提出了到 2010 年形成中国特色社会主义法律体系的立法工作总目标。2007 年，党的十七大提出，要坚持科学立法、民主立法，完善中国特色社会主义法律体系。

在党中央领导下，全国人大及其常委会、国务院、有立法权的地方各级人大及其常委会等立法主体，根据不同时期改革和经济社会发展要求，在经济、政治、文化、社会、生态环境等领域，统筹立改废释，制定修改多部法律法规，形成以宪法为统帅，以宪法相关法、民法商法、经济法、行政法、社会法、刑法、诉讼法和非诉讼程序法等多个法律部门的法律为主干，由法律、行政法规、地方性法规等多个层次的法律规范构成的中国特色社会主义法律体系。习近平总书记指出："改革开放以来，在党的领导下，经过各方面努力，我国用30多年时间形成了中国特色社会主义法律体系，这是人类法治史上一项了不起的成就。"①

党的十八大以来，以习近平同志为核心的党中央高度重视立法工作，全国人大及其常委会坚持立改废释并举，坚持质量与效率并重。修改宪法，完善宪法实施和监督的法律制度，维护特别行政区宪制秩序、法治秩序，编纂民法典，坚持立法先行，确保重大改革于法有据，加强重点领域、新兴领域、涉外领域立法，立法体制机制不断完善，中国特色社会主义法律体系在实践中更加完备，为国家治理体系和治理能力现代化提供了有力的法律保障。

---

① 《习近平谈治国理政》第四卷，外文出版社 2022 年版，第 253 页。

习总书记来到基层立法联系点

2019 年 11 月 2 日下午，上海市长宁区虹桥街道古北市民中心一楼的会议室里，一场别开生面的法律草案立法意见建议征询会正在进行，来自行政执法部门、企业和社区等的 10 名信息员、联络员正在就《中华人民共和国行政处罚法（修正草案）》进行热烈的讨论。

这时，一位特殊的客人来到了会议现场。他就是正在上海考察的习近平总书记。习近平总书记同参加意见建议征询会的中外居民亲切交谈，详细询问法律草案的意见征集工作情况。他指出，我们走的是一条中国特色社会主义政治发展道路，人民民主是一种全过程的民主，所有的重大立法决策都是依照程序、经过民主酝酿，通过科学决策、民主决策产生的，希望你们再接再厉，为发展中国特色社会主义民主继续作贡献。

建立基层立法联系点制度，是党的十八届四中全会决定提出的一项任务。2015年，全国人大常委会法工委设立了上海市长宁区虹桥街道等4个基层立法联系点，初步建立起基层立法联系点制度。2020年，增设了江苏省昆山市人大常委会、广西壮族自治区三江侗族自治县人大常委会等5个基层立法联系点和中国政法大学1个立法联系点。2021年以来，又增设了福建省上杭县才溪镇人大主席团、海南省三亚市崖州湾科技城等22个基层立法联系点，立法联系点总数达到32个。覆盖了全国31个省（自治区、直辖市），辐射带动全国各地设立509个省级基层立法联系点和近5000个设区的市级基层立法联系点。

基层立法联系点制度建立以来，联系点数量不断增加，覆盖范围不断扩大，工作形式不断丰富完善，接地气、察民情、聚民智、惠民生的制度功效逐步彰显。截至2022年底，全国人大常委会法工委各立法联系点对143件次法律草案、立法工作计划等提出15317条意见建议，经过认真分析研究，许多好的意见建议得到吸收采纳。比如，在反家庭暴力法草案征求意见过程中，上海市长宁区虹桥街道基层立法联系点提出，将老年人纳入被保护的范围。这一意见在审议通过的反家庭暴力法中得到体现，该法第五条中明确，"未成年人、老年人、残疾人、孕期和哺乳期的妇女、重病患者遭受家庭暴力的，应当给予特殊保护"。

基层立法联系点制度是践行全过程人民民主的重要实践载体，搭建起基层意见直达国家立法机关的"直通车"。同时，全国人大常委会通过各种途径和形式推进民主立法、"开门立法"，注重发挥全国人大代表的积极作用，增强立法调研、座谈、论证、评估功效，持续推进法律草案向社会公开征求意见工作，推进立法公开，讲好人大故事、立法故事，把全过程人民民主的理念、原则和要求贯彻到立法的全过程、全方位。

"还是我们的民族区域自治制度比较好"

中国共产党成立以来，一直非常重视民族问题，并结合国情积极探索解决民族问题的正确道路。1945年10月23日，中共中央在关于内蒙古工作方针的指示中指出："对内蒙的基本方针，在目前是实行区域自治。"[①]1947年5月1日，内蒙古自治区政府正式宣告成立。这是中国共产党领导的第一个少数民族自治政府，为建立民族区域自治制度开创了先例，积累了经验。

1949年，新政协会议筹备期间，在讨论建国事项时，一项重要任务就是决定新中国的国家结构形式和解决民族问题的方式。毛泽东提出，要考虑到底是搞联邦制，还是搞统一共和国，少数民族区域自治。时任中央统战部部长李维汉认为，我国与苏联的历史发展、国情特点、民族分布等都不相同，这决定了中国不必像苏联那

[①] 《建党以来重要文献选编（1921—1949）》第22册，中央文献出版社2011年版，第760页。

样，采用联邦制将各个已经分立的国家联合起来，作为走向完全统一的过渡形式，而是建立各民族平等联合团结的人民共和国，这就是民族区域自治制度。他建议，在即将成立的统一的中华人民共和国内，在少数民族聚居地区实行民族区域自治的政策和制度。这一建议得到了党中央和毛泽东的采纳。《中国人民政治协商会议共同纲领》对民族政策作了专章规定："各少数民族聚居的地区，应实行民族的区域自治，按照民族聚居的人口多少和区域大小，分别建立各种民族自治机关。"①

1954 年，一届全国人大一次会议将民族区域自治制度载入《中华人民共和国宪法》，规定"各少数民族聚居的地方实行区域自治。各民族自治地方都是中华人民共和国不可分离的部分"②。继 1947 年 5 月内蒙古自治区成立后，1955 年 10 月，新疆维吾尔自治区成立；1958 年 3 月，广西壮族自治区成立；1958 年 10 月，宁夏回族自治区成立；1965 年 9 月，西藏自治区成立，民族区域自治制度在少数民族聚居的地方全面推行开来。

现行宪法修改过程中，对民族区域自治问题进行了充分的讨论、研究。邓小平一再强调，还是我们的民族区域自治制度比较好，比联邦制好。1982 年宪法恢复了"五四宪法"关于民族区域自治制度的规定，并与时俱进作出完善，明确规定：中华人民共和国各民族一律平等。各少数民族聚居的地方实行区域自治，设立自治机关，行使自治权。各民族自治地方都是中华人民共和国不可

---

① 《建国以来重要文献选编》第 1 册，中央文献出版社 1992 年版，第 12 页。
② 《建国以来重要文献选编》第 5 册，中央文献出版社 1993 年版，第 522 页。

分离的部分。宪法第三章第六节专门规定了民族自治地方的自治机关。

1984 年 5 月 31 日,六届全国人大二次会议通过了《中华人民共和国民族区域自治法》,这是实施宪法规定的民族区域自治制度的基本法律。

我国共建立了 155 个民族自治地方,其中包括 5 个自治区、30 个自治州、120 个自治县(旗)。2021 年第七次全国人口普查数据显示,全国人口中,各少数民族人口为 12547 万人,占 8.89%。与 2000 年第五次全国人口普查相比,各少数民族人口增加 2098 万人,增长 20.07%。"十三五"时期,民族地区生产总值年均增长高于全国平均增长水平,居民人均可支配收入从 1978 年的 150 多元增长到 2020 年的 24534 元。少数民族群众的宗教信仰自由得到充分尊重和保障,教育、科技、文化等社会事业全面发展。

进入新时代,要以铸牢中华民族共同体意识为主线,坚定不移走中国特色解决民族问题的正确道路,坚持和完善民族区域自治制度,构筑中华民族共有精神家园,促进各民族交往交流交融,推动民族地区加快现代化建设步伐。

"一国两制"伟大实践与宪法

　　1997年7月1日零时零分零秒，香港会展中心。伴着中华人民共和国国歌的奏响，中华人民共和国国旗冉冉升起，鲜艳的五星红旗和香港特别行政区区旗第一次同时在香港上空飘扬，香港进入历史新纪元，"一国两制"正式实践。

　　为了这一时刻，党和国家作了理论和实践的充分准备。党的十一届三中全会以后，用和平方式完成祖国统一大业成为基本方针。1979年元旦，全国人大常委会发表《告台湾同胞书》。1981年9月30日，叶剑英委员长发表谈话，阐述关于台湾回归祖国实现和平统一的九条方针。1982年1月11日，邓小平在会见海外朋友时说，九条方针实际上是一个国家两种制度。由此正式提出"一国两制"伟大构想。

　　1982年12月4日，五届全国人大五次会议通过并公布施行《中华人民共和国宪法》。宪法第三十一条规定："国家在必要时得设立特别行政区。在特别行政区内实行的制度按照具体情况由全国人民代表大会以法律规定。"宪法第六十二条中也将"决定特别行政区的设立及其制度"规定为全国人大职权。^① 由此,"一国两制"构想成为宪法制度,为设立实行不同于内地的制度和政策的特别行政区、推进国家和平统一,提供了直接的宪法依据。

"一国两制"构想和宪法第三十一条等规定,在香港首先得以实现。1982 年 9 月 24 日,邓小平会见来访的英国首相撒切尔夫人时,阐明了中国政府对香港问题的基本立场,他斩钉截铁地说:"主权问题不是一个可以讨论的问题。现在时机已经成熟了,应该明确肯定:一九九七年中国将收回香港。""在这个基础上磋商解决今后十五年怎样过渡得好以及十五年以后香港怎么办的问题。"^② 由此,中英关于香港问题的谈判拉开序幕。

1983 年初,中国政府就解决香港问题形成了十二条基本方针,包括 1997 年中国政府对香港地区恢复行使主权后,根据宪法第三十一条规定,在香港设立特别行政区,直辖于中央人民政府,享有高度自治权等,这些政策由全国人民代表大会以香港特别行政区基本法规定。1984 年 12 月 19 日,经过 22 轮艰苦谈判,中英两国政府在北京正式签署《中华人民共和国政府和大不列颠及北爱尔兰联合王国政府关于香港问题的联合声明》(以下简称《中英联合声明》),确认中华人民共和国将于 1997 年 7 月 1 日对香港恢复行

---

① 参见《十二大以来重要文献选编》(上),人民出版社 1986 年版,第 226、232—233 页。

② 《邓小平文选》第三卷,人民出版社 1993 年版,第 12、15 页。

使主权。1985 年 4 月 10 日，六届全国人大三次会议作出决定，批准《中英联合声明》。这次会议还作出决定，成立香港特别行政区基本法起草委员会，负责起草香港基本法。经过四年零八个月的努力，由 36 名内地委员、23 名香港委员组成的起草委员会，完成了香港基本法草案的起草任务。香港基本法草案在香港和内地广泛征求意见，仅香港人士就提出近 8 万条意见建议，凝聚着包括香港同胞在内全体中国人民的共同意志和智慧。1990 年 4 月 4 日，七届全国人大三次会议审议通过了《中华人民共和国香港特别行政区基本法》，作出设立香港特别行政区的决定。

1997 年 7 月 1 日，中国政府恢复对香港行使主权，香港特别行政区成立，香港纳入我国宪制秩序，开启了"一国两制""港人治港""高度自治"的历史新纪元。1999 年 12 月 10 日，中国政府恢复对澳门行使主权，澳门特别行政区成立。宪法的"一国两制"条款，为实现国家和平统一，维护国家主权、安全和发展利益，保持特别行政区长期繁荣稳定发挥了重要的基石作用。

全国人大的决定和香港国安法

2020 年 5 月 22 日上午，北京人民大会堂。"《全国人民代表大会关于建立健全香港特别行政区维护国家安全的法律制度和执行机制的决定（草案）》和以上说明，请审议。"十三届全国人大常委会副委员长王晨话音刚落，全场响起了热烈掌声，经久不衰。这是近3000 名全国人大代表的心声！这是全国人民的心声！

2019 年，香港发生"修例风波"。反中乱港分子以香港特区政府修订《逃犯条例》为借口，持续实施暴力犯罪。自 6 月 21 日起，乱港分子先后包围香港特区政府多处办公场所。7 月 1 日，暴力冲击进入香港立法会大楼，在立法会议事厅悬挂起象征"港独"的"龙狮旗"，煽动成立所谓"临时政府"，撕毁香港基本法，涂污香港特区区徽，瘫痪立法会运作。7 月 21 日，围堵冲击香港中联办大楼，向国徽投掷鸡蛋和黑色油漆弹，涂写侮辱国家民族尊严的字句。乱港分子更在尖沙咀天星码头扯下旗杆上的国旗扔入海中，升起印有"港独"标语的旗帜。乱港分子频繁堵路、纵火，暴力破坏公用设施，甚至针对不同意见者进行无差别的暴力攻击。这些持续性的激进暴力犯罪行为严重践踏法治和社会秩序，严重破坏香港繁荣稳定，严重挑战"一国两制"原则底线，香港面临回归以来最为严峻的局面。

香港特别行政区国家安全风险凸显，成为回归以来面临的新的风险与挑战。"港独"、分裂国家、暴力恐怖活动等各类违法活动严重危害国家主权、统一和领土完整，一些外国和境外势力公然干预香港事务，利用香港从事危害我国国家安全的活动。回归 20 多年来，由于反中乱港势力和外部敌对势力的极力阻挠、干扰，香港基本法第二十三条的本地立法一直没有完成，香港特别行政区在国家安全领域长期处在"不设防"状态。仅凭香港自身已难以有效解决这一问题。建立健全有效的香港特别行政区维护国家安全的法律制度和执行机制是人心所向、刻不容缓。

2020 年 5 月 28 日，十三届全国人大三次会议高票通过了《全国人民代表大会关于建立健全香港特别行政区维护国家安全的法律制度和执行机制的决定》。6 月 18 日至 20 日，十三届全国人大常委会召开第十九次会议，会上初次审议了香港特别行政区维护国家安全法草案。6 月 30 日，十三届全国人大常委会召开第二十次会议，通过了《中华人民共和国香港特别行政区维护国家安全法》，中华人民共和国主席习近平签署主席令予以公布施行。这次会议还作出决定，在香港基本法附件三中增加这一全国性法律，并由香港特别行政区在当地公布实施。在香港回归祖国 23 周年的前夕，香港国安法正式生效。

　　《全国人民代表大会关于建立健全香港特别行政区维护国家安全的法律制度和执行机制的决定》和《中华人民共和国香港特别行政区维护国家安全法》，坚持和完善"一国两制"制度体系，有效维护香港特别行政区的宪制秩序和法治秩序，有力推动了香港形势由乱转治，保障"一国两制"实践行稳致远，不走形、不变样。

国旗、国徽是怎样确定的

1949 年 6 月 15 日，新政治协商会议筹备会第一次会议在北平举行，确定国旗、国歌、国徽等国家象征与标志，是这次会议的一项重要任务。6 月 16 日，周恩来在中南海主持了筹备会常务委员会第一次会议，决定在筹备会下设立六个小组，其中，第六小组负责拟定国旗、国歌及国徽方案，由马叙伦担任组长。7 月 14 日，北平、天津、哈尔滨、上海、南京、香港等地的报纸上刊登了启事，征求国旗、国徽图案及国歌词谱。一幅幅国旗设计图案源源不断从海内外寄来，人们通过参与设计新中国的象征与标志表达着爱国情感。

一个多月的时间里，筹备会收到了应征国旗图案 2992 幅。经过层层筛选，"复字第 32 号"图案引起了委员们的兴趣。这面旗帜的图案由一颗大五角星引导，四颗小星围绕周围，大五角星象征中国共产党，四颗小五角星象征广大人民紧紧围绕在党的周围，团结战斗，从胜利走向胜利。这幅图案的设计者是上海的曾联松。9月25日，毛泽东、周恩来等在中南海丰泽园召开协商国旗、国歌、国徽等问题会议。毛泽东说，这个图案反映了中国革命的实际，表现了我们革命人民大团结，现在要团结，将来也要团结，我看这个图案是较好的国旗图案。与会人员都表示赞成，鼓掌通过。由此，五星红旗作为国旗的图案一锤定音。9月27日，中国人民政治协商会议第一届全体会议通过《关于中华人民共和国国都、纪年、国歌、国旗的决议》，明确"中华人民共和国的国旗为红地五星旗，象征中国革命人民大团结"。

政协筹备会还收到了应征国徽稿件112件、900多幅图案。这些应征稿件中，大部分都把国徽设计成了普通的证章或纪念章的形式，并不符合设计要求，从而无一入选。请专人重新设计的国徽图案也未能取得大家的一致认可。时间已经临近开国大典。在9月25日的丰泽园座谈会上，毛泽东提出，"国旗决定了，国徽是否可慢点决定"。这就是开国大典时，国徽未能悬挂在天安门城楼上的原因。

国徽设计的工作一直没有停止。1950年6月10日，清华大学梁思成、林徽因等人和中央美术学院张仃、钟灵等人组成的两个小组设计的国徽方案，同时提交第一届全国政协常委会第五次会议。经讨论，决定采用天安门城楼图案作为国徽的主体形象。周恩来约请梁思成，指示按全国政协常委会提出的要求，以天安门为主题设计国徽图案，整个国徽要体现出向上、响亮、挺拔的基调和气氛。周恩来还提出，要在国徽的设计图案上加上禾穗。为什么要加上禾穗呢？他讲了一件往事。1942年，重庆，周总理和邓颖超应邀出席宋庆龄为欢送董必武同志返回延安举行的茶话会，茶桌上摆放着重庆近郊农民送来的禾穗。有人赞美说，禾穗真的像金子一般。宋庆龄说道，它比金子还要宝贵。中国人口80%都是农民，如果年年五谷丰登，人民便可以丰衣足食了。周恩来意味深长地说，等到全国解放，我们要把禾穗画到国徽上。

按照全国政协常委会要求和周恩来的指示，经过设计小组夜以继日地工作，梁思成提交了一份国徽设计图，与国徽最终的定稿形象已经基本一致。1950年6月23日，全国政协一届二次会议同意国徽审查组代表马叙伦关于国徽图案审查意见的报告，并通过了国徽图案，建议中央人民政府委员会采用。6月28日，中央人民政府委员会第八次会议通过了全国政协一届二次会议提出的《中华人民共和国国徽图案及对设计图案的说明》，标志着中华人民共和国国徽图案的最终确定。

国徽是一种立体浮雕形象，确定了国徽图案，还不能算是国徽的诞生。国徽浮雕的设计雕刻任务是由清华大学营建系教授高庄来完成的。当时，距离国庆一周年只剩下两个月的时间。高庄经过反复揣摩，认为国徽设计需要有所改动。他给毛泽东写信陈述自己的想法。毛泽东非常重视，特意委托彭真和康克清听取高庄关于国徽设计改动的说明。了解了具体情况后，他们将毛主席的意见传达给高庄：你大胆地改好了，祝你成功。1950年8月18日这一天，国徽审查小组审议通过了经过高庄修改的国徽浮雕模型。9月20日，毛主席签署了中央人民政府命令，向全世界公布了中华人民共和国国徽及图案说明，自此国徽宣告诞生。1950 年 10 月 1 日，新中国成立一周年的第一天，金光闪闪的中华人民共和国国徽悬挂在天安门城楼上方的正中央。

1954 年宪法规定，"中华人民共和国国旗是五星红旗。""中华人民共和国国徽，中间是五星照耀下的天安门，周围是谷穗和齿轮。"①国旗、国徽作为中华人民共和国的重要标志，自 1954 年起载入宪法，历次宪法修改中这一规定都予以保留。1990 年、1991 年，全国人大常委会先后制定国旗法、国徽法，并于 2020 年 10 月对这两部法律作出修改完善，对维护国旗国徽尊严，增强公民的国家观念，弘扬爱国主义精神，发挥着重要作用。

---

① 《建国以来重要文献选编》第 5 册，中央文献出版社 1993 年版，第 542 页。

《义勇军进行曲》写入宪法

　　每天清晨，在祖国首都的天安门广场上，鲜艳的五星红旗都会伴随着《义勇军进行曲》庄严激昂的旋律冉冉升起，民族自尊心、民族自豪感和爱国主义情怀激荡着中华儿女的内心。国歌《义勇军进行曲》诞生于怎样的时代背景，写入宪法背后又有怎样的故事？

　　《义勇军进行曲》诞生于 20 世纪 30 年代的上海，最初是电影《风云儿女》的主题曲。1931 年，日本发动九一八事变，短短四个多月时间，东北沦陷；1932 年发动一·二八事变，侵略上海；1933年，更把侵略矛头指向了华北。中华民族到了生死存亡的危急关头。1934 年，共产党员、戏剧家田汉创作了一部以抗日救亡为主题的电影剧本《凤凰的再生》(也就是后来的《风云儿女》)，在剧本最后，借由主人公辛白华之手写下了诗句，"起来！不愿作奴隶的人们。把我们的血肉筑成我们新的长城。中华民族到了最危险的时候，每个人被迫着发出最后的吼声。起来！起来！起来！我们万众一心，冒着敌人的飞机和大炮，前进！"田汉刚刚完成这个故事梗概，就被国民党政府逮捕入狱。共产党员、音乐家聂耳主动要求为这首诗谱曲。1935年3月下旬，聂耳在上海完成初稿，在躲避国民党政府追捕的颠沛流离中，于4月下旬在日本完成了曲谱定稿，寄回国内。当年，电影《风云儿女》在上海公映，主题曲《义勇军进行曲》传唱大江南北、长城内外，它雄壮激昂的旋律表现出中华民族团结抗战的坚强意志和不屈不挠的斗争精神，鼓舞着全国人民的抗战热情。

1949年6月，新政治协商会议筹备会设立六个小组，其中，由马叙伦任组长的第六小组负责拟定国旗、国歌及国徽方案。田汉、沈雁冰、钱三强、欧阳予倩、郭沫若等组成国歌词谱初选委员会，并于7月在报纸上刊登启事征求国歌词谱等。一个月里，收到国歌稿件632件、歌词694件，但是没有一首能让所有人满意。周恩来提议，可以以《义勇军进行曲》作国歌。

9月25日，毛泽东在丰泽园召开座谈会。马叙伦在会上提出，以《义勇军进行曲》暂代国歌。9月27日，中国人民政治协商会议第一届全体会议一致通过《关于中华人民共和国国都、纪年、国歌、国旗的决议》，确定中华人民共和国的国歌正式制定前，以《义勇军进行曲》为国歌。在会议讨论时，许多委员提出，《义勇军进行曲》的歌词是否已经过时，是不是要修改歌词。毛泽东说，我国人民经过艰苦斗争，虽然全国快解放了，但还是受帝国主义的包围，不能忘记帝国主义对我国的压迫，我们要争取中国完全独立、解放，还要进行艰苦卓绝的斗争，所以，还是保持原有歌词好。

1949 年 10 月 1 日下午 3 时，在天安门举行的开国大典上，象征着新中国的五星红旗伴随着《义勇军进行曲》的旋律，第一次冉冉升起。

1978 年 3 月 5 日，五届全国人大一次会议通过了关于国歌的决定，更改了国歌歌词。但是，各方面一直有不同意见。1982 年 12 月 4 日，在现行宪法通过的同时，五届全国人大五次会议通过《关于中华人民共和国国歌的决议》，恢复田汉作词、聂耳作曲的《义勇军进行曲》为中华人民共和国国歌。在这次大会的闭幕会上，全国人大代表全体起立，高唱国歌。

2004 年 3 月，十届全国人大二次会议通过宪法修正案，将"中华人民共和国国歌是《义勇军进行曲》"写入宪法，赋予国歌的宪法地位。2017 年 9 月 1 日，十二届全国人大常委会第二十九次会议通过《中华人民共和国国歌法》，规范国歌奏唱、播放和使用，更好地维护国歌尊严，增强公民的国家观念，弘扬爱国主义精神。

第 三 篇

宪法为改革开放和社会主义现代化
建设保驾护航

★ ★ ★ ★ ★

我国现行宪法是在党的领导下，在深刻总结我国社会主义革命、建设、改革实践经验基础上制定和不断完善的，实现了党的主张和人民意志的高度统一，具有强大生命力，为改革开放和社会主义现代化建设提供了根本法治保障。

——习近平在第五个国家宪法日到来之际作出的指示（2018 年 12 月）

"八二宪法"与改革开放相伴而生

1978 年 12 月，中国共产党召开十一届三中全会，作出了把党和国家工作重心转移到经济建设上来、实行改革开放的历史性决策，实现了党和国家历史上具有深远意义的伟大转折，开启了改革开放和社会主义现代化建设的伟大征程。与新时期新任务相适应，通过一部全面反映改革开放要求、体现党和人民共同意志的新宪法，成为一项重大而迫切的任务。

1979 年初，党的十一届三中全会刚结束，党中央就开始酝酿对宪法进行全面修改。1980 年 9 月，根据中共中央的建议，五届全国人大三次会议决定成立宪法修改委员会，主持宪法修改工作。1982 年 12 月 4 日，五届全国人大五次会议通过现行宪法，即"八二宪法"。这部宪法是对 1954 年宪法的继承和发展，深刻总结我国社会主义建设正反两方面经验，适应历史新时期党和国家的新形势新任务，贯彻党的十一届三中全会确立的正确路线，把集中力量进行社会主义现代化建设确定为今后国家的根本任务，为改革开放和社会主义现代化建设奠定了坚实的法治根基。

"八二宪法"与改革开放相伴而生，并且始终紧跟时代步伐，与改革开放同向而行，为改革开放保驾护航。1988 年修改宪法，明确个体经济、私营经济是社会主义公有制经济的补充，土地的使用权可以依照法律的规定转让；1993 年修改宪法，将坚持改革开放、实行社会主义市场经济、实行家庭联产承包责任制等重要原则和制度写进宪法；1999 年修改宪法，把个体经济、私营经济等非公有制经济的地位提升为社会主义市场经济的重要组成部分，实行公有制为主体、多种所有制经济共同发展的基本经济制度，实行按劳分配为主体、多种分配方式并存的分配制度；2004 年修改宪法，规定国家尊重和保障人权，公民合法的私有财产不受侵犯，并完善了征收、征用制度。2018 年 3 月，十三届全国人大一次会议修改宪法，这是 1982 年以来第五次修改宪法，是修改内容最多、修改幅度最大的一次。新修改的宪法全面体现了党和人民在实践中取得的重大理论创新成果、实践创新成果、制度创新成果，调整充实中国特色社会主义事业总体布局，提出把我国建设成为富强民主文明和谐美丽的社会主义现代化强国、实现中华民族伟大复兴，为新时代中国特色社会主义伟大实践描绘了宏伟蓝图。

通过"八二宪法"及之后的五个宪法修正案，党中央关于改革开放和社会主义现代化建设的一系列大政方针政策以国家根本法的形式确立下来，国家的发展道路、指导原则、目标任务越来越清晰，束缚生产力发展的体制机制障碍被有力地破除，全社会的创造力和发展活力得到极大激发。从实行家庭联产承包责任制到农村承包地"三权分置"、打赢脱贫攻坚战、实施乡村振兴战略，从兴办深圳等经济特区、沿海沿边沿江沿线和内陆中心城市对外开放到加入世界贸易组织、共建"一带一路"、建设自由贸易试验区和自由贸易港，从单一公有制到公有制为主体、多种所有制经济共同发展和坚持"两个毫不动摇"，从传统的计划经济体制到社会主义市场经济体制再到使市场在资源配置中起决定性作用和更好发挥政府作用，从以经济体制改革为主到全面深化经济、政治、文化、社会、生态文明体制改革，改革开放历史进程中的每一块里程碑都铭刻在宪法上，社会主义现代化建设取得的每一项重大进展和成就都离不开宪法作为国家根本法的规范、引领、推动和保障。

时间越久远，事业越发展，我们就越加感受到宪法的力量。踏上全面建设社会主义现代化国家新征程，全国各族人民将在中国共产党的领导下，坚定不移恪守宪法原则、弘扬宪法精神、履行宪法使命，坚定不移推进改革开放，朝着宪法确定的全面建成社会主义现代化强国的宏伟目标不懈奋斗！

"一茬接着一茬干"

1954 年 6 月，中央人民政府委员会第三十次会议讨论通过了宪法草案和关于公布宪法草案的决议。毛泽东在这次会上作关于宪法草案的讲话时，说了这样一段话，"我们要建成一个伟大的社会主义国家，大概经过五十年即十个五年计划，就差不多了，就像个样子了，就同现在大不一样了。现在我们能造什么？能造桌子椅子，能造茶碗茶壶，能种粮食，还能磨成面粉，还能造纸，但是，一辆汽车、一架飞机、一辆坦克、一辆拖拉机都不能造。"[①]

第一个五年计划在毛泽东亲自指导下，由周恩来、陈云、李富春等主持，从 1951 年开始编制，坚持"自力更生为主，争取外援为辅"[②] 的方针，作出优先发展重工业的战略决策，完成了初步的工业产业布局。1953 年元旦，《人民日报》发表社论，宣告中国

---

① 《建国以来重要文献选编》第 5 册，中央文献出版社 1993 年版，第 292 页。

② 《毛泽东文集》第七卷，人民出版社 1999 年版，第 380 页。

开始执行第一个五年计划，号召全国人民同心同德，为实现工业化而积极奋斗。1955 年 7 月，一届全国人大二次会议听取了国务院关于发展国民经济第一个五年计划的报告，并作出决议，通过"一五"计划，责成国务院和各级国家机关，采取有效的措施，保证按期完成和超额完成五年计划和各个年度计划。"一五"时期，共安排大中型建设项目 694 个，实际施工达 921 个，包括苏联援助的 156 个建设项目。我国开始启动大规模工业建设，第一批国产汽车出厂，第一架国产飞机试飞，第一座原子反应堆投入运转，五年间工业生产取得的成果，远远超过近代中国一百多年的发展。

从 1953 年到 1980 年，我国在计划经济体制下制定实施了 5 个五年计划，虽然受"大跃进"、"文化大革命"等影响和冲击，走了一些弯路，甚至遭遇重大挫折，但总体而言成就巨大、意义非凡。在一穷二白的条件下，我国较快建立起独立的、比较完整的工业体系和国民经济体系，教育医疗等事业也得到很大发展，还实现了"两弹一星"等重大突破，为改革开放后的经济持续快速发展奠定了物质技术基础，为社会主义现代化建设积累了重要经验。

进入改革开放历史新时期，随着党和国家工作重心转移到经济建设上来、我国由计划经济向市场经济转轨，五年计划的名称、定位、目标、内容、功能等也发生了许多重大变化。从"六五"计划开始，增加了社会发展的内容，国民经济发展五年计划更名为国民经济和社会发展五年计划。从"十五"计划开始，减少了实物指标，增加了反映结构变化的预期指标，建立了中期评估制度，五年计划的宏观性、战略性和指导性进一步增强。从"十一五"规划开始,"五年计划"更名为"五年规划",将规划指标分为预期性和约束性两类,增加了具有空间约束的主体功能区内容,规划体系不断健全完善。

制定和实施国民经济和社会发展规划(计划),已经成为中国共产党治国理政的一种重要方式,是中国特色社会主义制度优势的重要体现。根据现行宪法规定,全国人民代表大会审查和批准国民经济和社会发展计划和计划执行情况的报告,国务院编制和执行国民经济和社会发展计划,县级以上的地方各级人民代表大会审查和批准本行政区域内的国民经济和社会发展计划和执行情况的报告,审查和决定地方的经济建设、文化建设和公共事业建设的计划。

实践中,五年规划(计划)的制定逐步形成了系统规范的制度程序:首先由党中央提出制定五年规划(计划)的建议,然后国务院根据党中央建议组织有关部门编制五年规划(计划)纲要草案,最后提请全国人民代表大会审查批准五年规划(计划)纲要后向全社会公布实施。每次五年规划(计划)制定过程中,都要动员各地区各部门和社会各界充分参与,深入开展调查研究,广泛听取意见建议。这套制度程序,保证了五年规划(计划)的科学性、权威性、有效性,能够全面贯彻体现党的路线方针和国家发展战略目标,把党的主张转化为国家意志和全民行动,朝着一个既定目标和方向前进,一茬接着一茬干,一张蓝图绘到底。

到 2020 年,我国已经制定和实施了 13 个五年规划(计划)。2021 年 3 月,十三届全国人大四次会议行使宪法赋予的重要职权,审查批准《中华人民共和国国民经济和社会发展第十四个五年规划和 2035 年远景目标纲要》。此外，每年还制定和实施年度国民经济和社会发展计划。这一系列规划和计划，集中各方面智慧和力量，引领和推动社会主义现代化建设，对创造世所罕见的经济快速发展奇迹和社会长期稳定奇迹，发挥了不可替代的重要作用。

小岗村的突破催生"家庭承包经营"入宪

1978 年的一个冬夜，安徽省凤阳县小岗生产队 18 户村民家庭的户主，挤进村西头严立华家一间低矮残破的茅屋里，在一份"生死状"上摁下鲜红的手印，决定把田分到户，粮食收获以后除了固定交给国家、留给集体的，剩下收多收少都是农民自己的。为此，他们甚至做了最坏的打算，"如不成，我们干部坐牢杀头也甘心，大家社员也保证把我们的小孩养活到十八岁"。

2016 年 4 月，习近平总书记到小岗村考察时指出："当年贴着身家性命干的事，变成中国改革的一声惊雷，成为中国改革的标志。"在小岗村大包干等农业生产责任制基础上形成的以家庭承包经营为基础、统分结合的双层经营体制，逐渐成为党和国家农村政策的重要基石，并最终上升为宪法制度。

改革从农村开始突破不是偶然的，是由我国基本国情和当时农村的困境决定的。20 世纪 50 年代后期，我国农村普遍建立人民公社，这是一种"政社合一"的体制，具有"一大二公"的特征。所谓大，就是规模大，将原来一两百户的合作社合并成四五千户乃至一两万户的人民公社，一般是一乡一社；所谓公，就是公有化程度高，一切财产上交公社，在全社会范围内统一核算、统一分配。这种体制在管理上过于集中，在分配上搞平均主义、"吃大锅饭"，不利于调动农民的生产积极性，导致农业生产发展和农民生活改善都比较缓慢，温饱问题成为最紧迫的大事。

1978年夏秋之际，安徽遭遇百年不遇的特大旱灾。时任安徽省委第一书记的万里召开紧急会议，作出把土地"借"给农民耕种度荒的决策。在这一决策的启发下，一些地方的基层干部和农民自发采取"包产到户"、"包干到户"的做法。小岗村就是其中的一个典型。与此同时，四川、广东、贵州、云南等地许多生产队也采取了类似做法，深受当地农民欢迎，得到了地方党委和政府的支持。这些大胆的尝试，揭开了我国农村改革的序幕。1979年，小岗生产队获得大丰收，粮食产量达13.2万斤，是1966年到1970年5年的总和。就全国来看，实行包产到户的地区都获得了大丰收。

各地兴起的包产到户，激活了沉睡多年的农村，但也引起一些人的疑虑，他们担心这种做法会偏离社会主义道路。针对这种情况，1980年5月，邓小平在同中央负责工作人员谈话中专门指出："农村政策放宽以后，一些适宜搞包产到户的地方搞了包产到户，效果很好，变化很快。""有的同志担心，这样搞会不会影响集体经济。我看这种担心是不必要的。"①1981 年 12 月，党中央召开全国农村工作会议，指出："目前实行的各种责任制，包括小段包工定额计酬，专业承包联产计酬，联产到劳，包产到户、到组，包干到户、到组，等等，都是社会主义集体经济的生产责任制。不论采取什么形式，只要群众不要求改变，就不要变动。"②1982 年到 1984 年，党中央连续发出 3 个"一号文件"，不断推出稳定和完善家庭联产承包责任制的措施，明确土地承包期一般应在十五年以上。到 1987 年，全国有 1.8 亿农户实行了承包责任制，占全国农户总数的 98%。

实行家庭联产承包责任制，广大农民的生产积极性被充分调动起来，极大促进了农村生产力的解放和发展。1979 年到 1984 年，我国农业总产值以年均 8.9% 的速度增长，平均每年增产粮食 170 亿公斤。1984 年，我国粮食产量达到创纪录的 4000 亿公斤，人均 400 公斤，国务院向世界粮农组织宣布，我国已经基本上解决了温饱问题。

1993 年 3 月，八届全国人大一次会议修改宪法，增加家庭联产承包责任制的有关规定。1999 年 3 月，九届全国人大二次会议修改宪法，进一步明确农村集体经济组织实行家庭承包经营为基础、统分结合的双层经营体制。2002 年 8 月，全国人大常委会根据宪法制定了农村土地承包法，规定耕地的承包期为三十年。2018 年

---

① 《邓小平文选》第二卷，人民出版社 1994 年版，第 315 页。

② 《三中全会以来重要文献选编》（下），人民出版社 1982 年版，第 1063—1064 页。

12 月，全国人大常委会修改农村土地承包法，规定耕地承包期届满后再延长三十年。由此，保持农村土地承包关系稳定并长久不变有了宪法依据、法律依据，农业农村经济发展有了更广阔的空间，广大农民群众的合法权益有了最可靠的保证。从小岗村"生死状"中的"分田到户"到宪法中的"家庭承包经营"，见证了中国农村改革波澜壮阔的光辉历程，也折射出中国法治建设的巨大进步。

"有恒产者有恒心"

1979 年 6 月，20 多名知青在北京前门箭楼西侧，搭棚盘灶，烹茶迎宾，大碗茶青年茶社开张营业。大概同一时间，浙江温州的章华妹在自家门口支了一张小桌子，摆上针头线脑，成为个体户。1980 年，温州成立工商所，章华妹获得改革开放以来全国第一张个体户营业执照。

改革开放以前，由于简单地把规模大、公有化程度高作为衡量社会主义的标准，导致片面追求纯而又纯的经济成分和分配方式。1978 年，全国城镇就业在公有制部门的比例高达 99.84%，个体工商业者不足 15 万人，经营范围严格限制在修理、服务和手工业等少数几个行业，不允许雇佣除家庭成员之外的劳动者。在这种单一的公有制结构下，人民群众的生产积极性和创造力被压抑，生活水平提高不快，绝大多数人也几乎没有什么私有财产。

党的十一届三中全会忽如一夜春风吹来，融化了坚冰，鼓舞了人心，激发了活力。个体经济、民营经济获得了一定发展空间，逐步形成了多种经济成分共同发展的局面。1981 年底，个体工商业者快速增加到 227 万人，是 1978 年的 15 倍多。1982 年宪法反映改革实践成果，在规定社会主义公有制是我国社会主义经济制度的基础的同时，确认个体经济是社会主义公有制经济的补充，国家保护个体经济的合法的权利和利益。个体经济在我国国民经济中的地位，在国家根本法中得到肯定和保障。

随着个体经济发展到一定规模，一些个体工商户规模越来越大，雇佣的工人也越来越多，远远超过了当时规定的 7 个人的限制，实际上从个体经济发展为私营经济。这样的雇工"大户"是不是资本家，雇工经营算不算走资本主义道路，引发了社会广泛争议。"傻子瓜子"就是当时影响较大的一个事件。"傻子瓜子"是安徽芜湖市一个名叫年广久的小商贩创办的，1983 年时雇工人数发展到 100 多人。安徽省委一份关于"傻子瓜子"问题的调查报告，送到了邓小平的案头。邓小平表态，先放一放，看一看。1984 年10 月，邓小平再次谈到这个问题："前些时候那个雇工问题，相当震动呀，大家担心得不得了。我的意见是放两年再看。那个能影响到我们的大局吗？""让'傻子瓜子'经营一段，怕什么？伤害了社会主义吗？"①这个表态及随后一系列相关政策的出台，在一定程度上打消了社会上的顾虑，促进了私营经济的发展。

从更为根本、更为长远的层面来看，个体经济、私营经济等非

---

① 《邓小平文选》第三卷，人民出版社 1993 年版，第 91 页。

公有制经济的发展，需要宪法和法律的促进、保护和规范。保护合法的私有财产，有利于调动人们创造财富的积极性、主动性，有利于促进经济繁荣和社会安定。

1988 年 4 月，七届全国人大一次会议修改宪法，明确规定私营经济是社会主义公有制经济的补充，国家保护私营经济的合法的权利和利益。1999 年 3 月，九届全国人大二次会议修改宪法，确立了公有制为主体、多种所有制经济共同发展的基本经济制度，规定个体经济、私营经济等非公有制经济是社会主义市场经济的重要组成部分。2004 年 3 月，十届全国人大二次会议修改宪法，规定公民的合法的私有财产不受侵犯，国家依照法律规定保护公民的私有财产权和继承权。2007 年 3 月，十届全国人大五次会议通过物权法，明确私有财产的范围，依法对私有财产给予保护，鼓励、支持和引导非公有制经济的发展。2017 年 9 月，全国人大常委会对 2002 年制定的中小企业促进法进行修订，明确各类企业权利平等、机会平等、规则平等，用专章规定了对中小企业及其出资人的财产权和其他合法权益的保护措施。

通过宪法的这三次修改及相关法律制度的健全完善，为私有财产正了名，给民营经济吃了定心丸，非公有制经济在国民经济体系的地位不断提升、逐步进入蓬勃发展阶段。现在，民营经济的地位和作用可以用"五六七八九"来形容，即贡献了 50% 以上的税收、60% 以上的国内生产总值、70% 以上的技术创新成果、80% 以上的城镇劳动就业、90% 以上的企业数量。我国经济发展能够不断创造奇迹，民营经济功不可没。而民营经济能够发展壮大到今天的程度，离不开宪法和法律的保护和促进。

从"外资三法"到外商投资法

开放带来进步，封闭必然落后。1978 年，中央先后派出多个考察团，共有 12 名国务院副总理率队，访问了 51 个国家。各考察团回国后，纷纷提交报告，建议借鉴西方先进发展经验，加快引进国外资金和先进技术，更好地推动我国现代化建设。其中，谷牧副总理率队访问了法国、瑞士、比利时、丹麦、联邦德国等欧洲五国，出访报告中指出：我们现在达到的经济技术水平同发达的资本主义国家比较，差距还很大，大体上落后 20 年，从按人口平均的生产水平讲，差距就更大。我们一定要迎头赶上，改变这种落后状况。

1978 年 12 月，党的十一届三中全会明确提出："在自力更生的基础上积极发展同世界各国平等互利的经济合作，努力采用世界先进技术和先进设备"。① 当时，我国外汇储备只有 1.67 亿美元，相

---

① 《十一届三中全会以来重要文献选读》上册，人民出版社 1987 年版，第 6 页。

对于大规模的社会主义现代化建设需求是杯水车薪。在大量引进国外先进技术设备的同时，我国抓住有利的国际环境，探索通过接受国际金融机构和外国政府贷款、补偿贸易、租赁、对外加工装配、国际信托投资、兴办中外合资企业等形式，积极引进并有效利用外资。1980 年至 1982 年，我国先后同日本、法国、美国公司签订 5 个协议，开展海上石油合作勘探开发。到 1982 年底，我国实际使用外资总额超过 130 亿美元。

实行对外开放、促进外商投资，必须创造良好的法治环境。邓小平在著名的《解放思想，实事求是，团结一致向前看》的讲话中提出，要制定"外国人投资法"。①1978 年，有关部门对当时正在谈判的几个中外合资项目进行调研并草拟合资企业的章程、合同时，作为顾问的香港爱国人士廖瑶珠大律师提出，只有章程、合同还不够，还应当有法源，要制定中外合资经营企业法。她的意见引起中央领导同志高度重视。时任五届全国人大常委会委员长的叶剑英同志指示立即开展立法工作。

经过紧张工作，1979 年 7 月，五届全国人大二次会议审议通过中外合资经营企业法。这是我国第一部关于外商投资的专门法律，首次从法律上允许外商来华直接投资，明确了外资在中国从事合资企业经营活动的权利、义务、条件、待遇等。由于当时利用外资还刚刚起步，中外合资经营企业法只有 15 条，内容也比较偏重于原则，但对于之后的相关立法具有重要引领作用，是我国对外开

---

① 《邓小平文选》第二卷，人民出版社 1994 年版，第 146 页。

放法治建设史上的里程碑。

总结数年来对外开放实践经验，1982 年宪法作出明确规定：中华人民共和国允许外国的企业和其他经济组织或者个人依照中华人民共和国法律的规定在中国投资，同中国的企业或者其他经济组织进行各种形式的经济合作；在中国境内的外国企业和其他外国经济组织以及中外合资经营的企业，都必须遵守中华人民共和国的法律，其合法的权利和利益受中华人民共和国法律的保护。这一开创性的规定，将我国对外开放基本国策在宪法中确立下来，明确了外商来华投资办企业的合法地位、合法权益，也为涉外经济立法提供了方向和遵循，具有重大而深远的政治意义、法律意义。

根据宪法规定，全国人大先后于 1986 年、1988 年制定外资企业法、中外合作经营企业法，与 1979 年制定的中外合资经营企业法统称"外资三法"，为外商在我国投资、经营和发展提供了法律依据和保障。进入 21 世纪后，全国人大及其常委会对"外资三法"作出部分修改，以更好地适应加入世界贸易组织、融入经济全球化进程的新形势新需要。截至 2020 年底，我国外商投资企业累计超过 104 万家，实际利用外资超过 2.4 万亿美元。

改革开放 40 多年来，中国经济发展是在开放条件下取得的，未来中国经济实现高质量发展也必须在更加开放条件下进行。2018年全国人大将包括开放发展在内的新发展理念、互利共赢开放战略、推动构建人类命运共同体等新理念新思想新战略载入宪法。2019 年全国人大在总结"外资三法"实施经验的基础上，制定外商投资法，确立全面开放新格局下外商投资的基本制度框架，为更好吸引、保护、管理、利用外商投资，推动新一轮高水平对外开放提供了更加有力的法治保障。这些重大举措向世界宣示：中国开放的大门不会关闭，只会越开越大！

特区条例为什么要由全国人大批准

　　兴办经济特区，是党和国家为推进改革开放和社会主义现代化建设进行的伟大创举。

　　1978年4月，国家计委、外贸部派遣经济贸易考察组赴香港、澳门实地考察后，向中央建议：借鉴港澳的经验，把靠近港澳的广东宝安、珠海划为出口基地，力争经过三五年努力，在内地建设具有相当水平的对外生产基地、加工基地和吸引港澳同胞的游览区。1979年1月，广东省和交通部联合提交报告，建议在广东宝安县蛇口建立工业区，获得中央批准。

　　1979年4月中央工作会议期间，时任广东省委第一书记习仲勋向邓小平作专题汇报，提出希望中央"让广东先走一步，放手干"，建议在毗邻港澳的深圳、珠海和侨乡汕头，各划出一块地方单独管理，建立"贸易合作区"。邓小平非常赞同这一富有创意的设想。当听说"贸易合作区"的名称有争议时，他不假思索地说：

"还是叫特区好，陕甘宁开始就叫特区嘛！中央没有钱，可以给些政策，你们自己去搞，杀出一条血路来。"①

1979 年 7 月，中央批转了广东、福建两省的请示报告，确认两省对外经济活动实行特殊政策和灵活措施，同意先在深圳、珠海两地试办出口特区。1980 年 5 月，根据邓小平的提议，中央正式决定将"出口特区"定名为"经济特区"。

由于当时宪法还没有修改，法治建设刚刚起步，为了让经济特区有法可依，广东制定了《广东省经济特区条例》。这个条例前后修改 13 次，历时整整一年，广东省人大通过后，还希望提请全国人大审议通过。当时一些人对此表示反对，认为地方性法规提请全国人大通过没有先例。时任广东省委书记吴南生对国务院副总理谷牧说："社会主义搞特区是史无前例的，如果这个条例没有经过全国人大批准，我们就不敢办。"吴南生甚至把电话打到了全国人大常委会委员长叶剑英的家里，恳求道："叶帅呀，办特区这样一件大事，不能没有一部由国家最高立法机构批准的有权威的法规呀！"叶剑英同意了广东的意见，指出"特区不是广东的特区，而是中国的特区"。

1980 年 8 月 26 日，叶剑英主持召开五届全国人大常委会第十五次会议，听取了时任国家进出口管理委员会、国家外国投资管理委员会副主任江泽民受国务院委托所作的关于在广东、福建两省设置经济特区和《广东省经济特区条例》的说明，并作出决议，批

---

① 《邓小平思想年谱（1975—1997）》，中央文献出版社 1998 年版，第 117 页。

准《广东省经济特区条例》，同意在广东深圳、珠海、汕头和福建厦门划出一定区域设置经济特区。1988 年，七届全国人大一次会议又通过关于建立海南经济特区的决议。至此，中国五个经济特区全部经国家立法程序正式建立。

为了保障经济特区享有充分的自主权、更好发挥改革试验田和开放窗口的作用，全国人大及其常委会根据宪法精神及相关规定，先后作出多个决定决议，授权广东、福建、海南省人大及其常委会制定所属经济特区的法规，授权深圳、珠海、汕头、厦门市人大及其常委会和市政府分别制定法规和规章在本经济特区实施。经济特区法规在遵循宪法和法律基本原则的前提下，可以根据授权对法律、行政法规、地方性法规作变通规定并具有优先适用效力。40多年来，五个经济特区所在的省、市出台了一系列经济特区法规规章，促进了经济特区的改革开放和经济社会发展，也为全国性立法提供了宝贵经验。

四十载春风化雨，四十载春华秋实。当年的蛇口开山炮声犹然在耳，如今的经济特区生机勃勃。在党中央坚强领导下，在宪法和法治的轨道上，各经济特区以一往无前的奋斗姿态、风雨无阻的精神状态，在改革开放和社会主义现代化建设的伟大进程中谱写了勇立潮头、开拓进取的壮丽篇章。

"社会主义也可以搞市场经济"

1993年3月，八届全国人大一次会议将"国家实行社会主义市场经济"写入宪法，标志着社会主义市场经济成为我国的宪法制度，这在新中国历史上、改革开放史乃至社会主义发展史上都具有深远意义。

我国经济体制改革确定什么样的目标，是关系整个社会主义现代化建设全局的一个重大问题。这个问题的关键是正确认识和处理计划与市场的关系。传统观念认为，市场经济是资本主义特有的东西，计划经济才是社会主义经济的基本特征。1956年社会主义改造基本完成后到1978年党的十一届三中全会召开的20多年里，我国实行的是单一的计划经济体制。这对于在当时一穷二白的条件下，把有限的人力、物力、财力集中起来，建设一批国民经济急需的重大项目，加快推进新中国的工业化，发挥了重要作用。但从长远来看，由于忽视价值规律和市场作用，也导致政企不分、平均主义、缺乏活力等严重问题。

党的十一届三中全会以后，随着改革的深入、思想的解放，中国共产党对计划与市场关系问题的认识不断深化。1979年11月，邓小平在会见美国不列颠百科全书出版公司编委会副主席弗兰克·吉布尼和加拿大麦吉尔大学东亚研究所主任林达光等人时就指出，"社会主义也可以搞市场经济"①。1982年9月，党的十二大提出"计划经济为主、市场调节为辅"②。1984年10月，党的十二届三中全会提出，"改革计划体制，首先要突破把计划经济同商品经济对立起来的传统观念，明确认识社会主义计划经济必须自觉依据和运用价值规律，是在公有制基础上的有计划的商品经济"③。1987年10月，党的十三大提出，"社会主义有计划商品经济的体制，应该是计划与市场内在统一的体制"④。

邓小平就党的十三大报告的起草与几位中央负责同志谈话时说："为什么一谈市场就说是资本主义，只有计划才是社会主义呢？计划和市场都是方法嘛。只要对发展生产力有好处，就可以利用。它为社会主义服务，就是社会主义的；为资本主义服务，就是资本主义的。"⑤1992年初，邓小平在南方谈话中进一步对计划和市

---

① 《邓小平思想年谱（1975—1997）》，中央文献出版社1998年版，第139页。
② 《中国共产党第十二次全国代表大会文件汇编》，人民出版社1982年版，第28页。
③ 《中共中央关于经济体制改革的决定》，人民出版社1984年版，第17页。
④ 《中国共产党第十三次全国代表大会文件汇编》，人民出版社1987年版，第30—31页。
⑤ 《邓小平文选》第三卷，人民出版社1993年版，第203页。

场的关系问题作了精辟论述，指出"计划多一点还是市场多一点，不是社会主义与资本主义的本质区别。……计划和市场都是经济手段"[1]。

经过改革开放 14 年的实践探索和经验总结，1992 年 10 月，党的十四大明确提出，"我国经济体制改革的目标是建立社会主义市场经济体制"[2]。1993 年全国人大修改宪法，把党的十四大提出的这一目标以国家根本法的形式确立了下来。

西方一些经济学家断言：社会主义和市场经济不可能兼容，社会主义不可能搞市场经济。中国共产党人把社会主义制度与市场经济有机结合起来，从实行计划经济转向实行社会主义市场经济，有力打破了这一论调，证明了社会主义也可以搞市场经济，这是前无古人的伟大创举，是对马克思主义政治经济学的重大发展，是社会主义发展史上的重大突破。

随着实行社会主义市场经济的宪法制度和建立社会主义市场经济体制的改革目标的确立，财政、税收、金融、外贸、外汇、投资、价格、流通、住房和社会保障等方面改革加快推进，急需完备的法治来规范和保障。

1993 年 11 月，党的十四届三中全会通过《中共中央关于建立社会主义市场经济体制若干问题的决定》，提出"遵循宪法规定的原则，加快经济立法，进一步完善民商法律、刑事法律、有关国家

---

[1] 《邓小平文选》第三卷，人民出版社 1993 年版，第 373 页。

[2] 《中国共产党第十四次全国代表大会文件汇编》，人民出版社 1992 年版，第 22 页。

机构和行政管理方面的法律，本世纪末初步建立适应社会主义市场经济的法律体系"①。贯彻落实党中央决策部署，全国人大及其常委会加快经济立法步伐，制定修改了公司法、合伙企业法、个人独资企业法、乡镇企业法、商业银行法、证券法、合同法、信托法、反不正当竞争法、专利法、商标法、著作权法等重要法律，通过法律制度把宪法原则贯彻体现到规范市场主体、维护市场秩序、加强宏观调控等社会主义市场经济的各方面各环节。在宪法及经济领域一系列相关法律的坚实保障下，到 2000 年，社会主义市场经济体制基本框架初步建立，市场在资源配置中日益明显地发挥着基础性作用，中国成功实现由计划经济体制向社会主义市场经济体制的历史性转变。

党的十八大以来，以习近平同志为核心的党中央把社会主义市场经济体制确立为社会主义基本经济制度的重要内容，作出使市场在资源配置中起决定性作用和更好发挥政府作用、加快完善现代市场体系、建设高标准市场体系等重大决策部署，推动社会主义市场经济体制不断完善，向着高水平发展。

---

① 《中共中央关于建立社会主义市场经济体制若干问题的决定》，人民出版社1993 年版，第 30 页。

编织世界上最大的社会保障网

　　山东威海市退休职工李忠平，有本珍藏 10 多年的笔记本，专门记录他退休后每年领取养老金的账目。"2007 年养老金'破千'，现已涨到 2000 多元。今年还有新变化，由省里统一发！"李忠平翻看着笔记本，难掩内心的激动。

　　郭华同是天津市津南区北闸口镇的低保户，他通过手机扫描综合救助服务卡上的二维码，登录区社会救助综合服务信息平台，申请临时救助金。村（社区）、镇、区三级民政网络随即启动，村级民政专干上门了解情况，镇级民政专干进行初审，用专属网络报送区民政局审核。线上线下"无缝接力"，主动发现、即时干预、精准救助、综合帮扶。郭华同说："从扫码到拿到救助金才 3 天时间，方便、快捷。"

　　2019 年 9 月，北京市民李伟被诊断患有肝癌三期的消息，几乎击垮了他的家庭。听说患肝癌的同事每年花费 30 万元"保命"，一家人开始为昂贵的治疗费发愁。让李伟一家人没有想到的是，一年下来，抗癌的医药费共计 20 多万元，需要自费的部分只有约 20%，80% 的费用都从社保卡里实时结算报销了。"赶上了抗癌药进医保的好时代。"李伟的女儿感叹道。

"天地之大，黎元为先。"年老时能领到养老金，生病住院可以报销，失业时有救济金，工伤能拿补偿金，这些都是老百姓的切身利益所在。社会保障是保障和改善民生、维护社会公平、增进人民福祉的基本制度保障，是促进经济社会发展、实现广大人民群众共享改革发展成果的重要制度安排，是治国安邦的大问题。

中国共产党以为民服务、为民造福为旨归，历来高度重视民生改善和社会保障。早在 1922 年，党的二大宣言中就提出了设立工厂保险、保护失业工人等改良工人待遇的主张。瑞金时期颁布的《中华苏维埃共和国宪法大纲》提出"创立社会保险制度与国家的失业津贴"，《中华苏维埃共和国劳动法》设专章规定了社会保险问题。抗日战争和解放战争期间，陕甘宁边区建立了独具特色的社会保障体系，覆盖工、农、学、兵和政务人员等各个群体。

新中国刚成立时，国家"一穷二白"、百废待兴，人民生活仍然十分困苦。在党和政府领导下，全面展开大规模的救济灾民与失业工人行动。1951 年 2 月，新中国第一部社会保险法规《中华人民共和国劳动保险条例》颁布实施。新中国第一部宪法"五四宪法"将社会保障作为重要内容，明确规定劳动者在年老、疾病或者丧失劳动能力的时候，有获得物质帮助的权利；国家举办社会保险、社会救济和群众卫生事业，并且逐步扩大这些设施，以保证劳动者享受这种权利。依据宪法，经过探索和实践，国家初步建立了一套与计划经济体制相适应的社会保障制度，人民群众从中感受到社会主义的优越性。

改革开放后，社会保障制度全面转型、日益健全，在仍然由国家主导的前提下，多方分担责任替代了过去的政府包办，缴费型保障替代了过去的免费型保障，多层次保障体系替代了过去的单一层次保障。与此同时，社会保障的法治化建设不断加快。现行宪法对退休人员、老弱病残人员、残废军人的生活保障和救助等作了明确规定。国务院陆续制定了失业保险条例、社会保险费征缴暂行条例、城市居民最低生活保障条例、工伤保险条例、农村五保供养工作条例等行政法规。适应社会主义市场经济体制和社会发展进步要求的新型社会保障体系逐步建立起来。

2004年3月，十届全国人大二次会议通过宪法修正案，在宪法第十四条中增加一款："国家建立健全同经济发展水平相适应的社会保障制度"①，确立了社会保障制度的宪法基础，是我国社会保障发展进程中重大的标志性事件。2010年10月，全国人大常委会通过社会保险法，这是我国社会保障领域首部专门法律，为社会保障事业蓬勃发展提供了法治保障。

党的十八大以来，以习近平同志为核心的党中央把社会保障体系建设摆上更加突出的位置，推动我国社会保障体系建设进入快车道。以社会保险为主体，包括社会救助、社会福利、社会优抚等制

---

① 《中华人民共和国第十届全国人民代表大会第二次会议文件汇编》，人民出版社2004年版，第90页。

度在内，功能完备的社会保障体系基本建成，基本医疗保险参保人数超 13.6 亿人，参保率稳定在 95%，基本养老保险覆盖 10.4 亿人，形成世界上规模最大的社会保障网，创造了世界社会保障发展史上的奇迹。2016 年 11 月 17 日，国际社会保障协会（ISSA）将"社会保障杰出成就奖"授予中国政府，褒奖中国"在社会保障扩面工作方面取得的举世无双的成就"，这是国际社会对中国社会保障事业发展成就的认可与致敬。

从"送瘟神"到"以人民健康为中心"

　　人民健康是国家富强、民族昌盛的重要标志，历来都是党和国家关注的重点。

　　新中国成立之初，医疗卫生事业基础十分薄弱，血吸虫病、鼠疫、霍乱、疟疾、麻风等疫病横行，严重危害人民群众生命健康安全。1952年12月，毛泽东为第二届全国卫生会议题词："动员起来，讲究卫生，减少疾病，提高健康水平，粉碎敌人的细菌战争"①。这次会议把"卫生工作与群众运动相结合"确定为新中国卫生工作的方针之一。1954年宪法对群众卫生事业作出明确规定。政府及有关方面集中力量实施预防、初级保健和公共卫生行动，在全国范围内开展"爱国卫生运动"，积极推进清洁卫生、群防群治、移风易俗。血吸虫病被基本消灭，是新中国疾病防控的"第一面红旗"，

---

　　① 《第二届全国卫生会议在京开幕　总结今年爱国卫生运动的经验》，《人民日报》1952年12月9日。

毛泽东为此专门挥笔写下《七律二首·送瘟神》。"赤脚医生"穿行在乡间村陌，用中西医结合的"土法"治病、制药，成为那个年代一道独特的风景线。经过 30 年的努力，人民群众身体健康状况得到显著改善，孕产妇死亡率、婴儿死亡率大幅下降，人均预期寿命大幅上升。

改革开放后，卫生健康事业进入蓬勃发展的新时期。现行宪法规定，国家发展医疗卫生事业，发展现代医药和我国传统医药，鼓励和支持农村集体经济组织、国家企业事业组织和街道组织举办各种医疗卫生设施，开展群众性的卫生活动，保护人民健康。从"赤脚医生"到全科医生，从缺医少药到村村有卫生室，从防控恶性传染病、寄生虫病到攻坚慢性病、癌症，从"以治病为中心"到"以人民健康为中心"，广大人民群众的健康获得感不断增强。特别是党的十八大以来，以习近平同志为核心的党中央全面推进健康中国建设，深化医药卫生体制改革，建立健全中国特色基本医疗卫生制度、医疗保障制度和优质高效的医疗卫生服务体系，为人民群众提供全方位全周期健康服务，走出了一条中国特色卫生健康事业改革发展之路。

随着卫生健康事业的发展，我国逐步形成了以宪法为统领，包括传染病防治法、突发事件应对法、国境卫生检疫法、医师法、药品管理法、疫苗管理法、基本医疗卫生与健康促进法等法律在内的一整套法律制度，为疫情防控和公共卫生提供了科学有效、系统完备的法治保障。这些年来，我国成功应对非典、禽流感、中东呼吸综合征等疫情，法律制度发挥了重要作用。

新冠肺炎疫情暴发后，以习近平同志为核心的党中央坚持人民至上、生命至上，以坚定果敢的勇气和坚忍不拔的决心，同时间赛跑、与病魔较量，迅速打响疫情防控的人民战争、总体战、阻击战，夺取了全国抗疫斗争重大战略成果。这场惊心动魄的抗疫斗争，彰显了中国共产党的坚强领导，彰显了中国人民的团结奋斗，也彰显了我国国家制度和法律制度的显著优势。党中央、习近平总书记从疫情防控一开始就提出，从立法、执法、司法、守法各环节发力，全面提高依法防控、依法治理能力，为疫情防控工作提供有力法治保障；强调疫情防控越是到最吃劲的时候，越要坚持依法防控，在法治轨道上统筹推进各项防控工作，保障疫情防控工作顺利开展。各地区各部门严格执行疫情防控和应急处置法律法规，坚持运用法治思维和法治方式开展疫情防控工作。及时启动重大突发公共卫生事件 I 级应急响应，实行隔离救治、限制或停止人群聚集活动，及时准确报告疫情信息等，这些应对措施在相关法律中都有相应规定，有效保障了防控工作依法、科学、有序。全国人大常委会统筹推进强化公共卫生法治保障立法修法工作，主动宣传解读疫情防控法律，有力支持了疫情防控和经济社会发展。

用最严格制度最严密法治保护生态环境

浙江湖州是一座拥有两千多年历史的江南古城，湖州安吉县的大山深处，隐藏着一个青山绿水环绕的美丽小村落，这就是余村。一走进余村，就会被鲜花丛中的一块巨大石碑所吸引，石碑上刻着一行大字——"绿水青山就是金山银山"。

很难想象，如此美丽的绿色乡村也经历了一段山体大面积破坏、粉尘遮天蔽日、安全事故多发的"灰色"岁月。20 世纪八九十年代，余村炸山挖矿、建水泥厂，生活富裕起来的同时，环境污染和生态损害也越来越严重。痛定思痛，余村人决定关停矿山和水泥厂，开始封山育林，探索绿色发展新模式。

2005 年 8 月，时任浙江省委书记习近平来到安吉县余村考察，听说了当地下决心转变发展方式，称赞余村人这一选择是"高明之举"。正是那次考察，习近平首次提出"绿水青山就是金山银山"的科学论断。一周后，习近平在浙江日报的《之江新语》栏目发表评论指出，如果能够把"生态环境优势转化为生态农业、生态工业、生态旅游等生态经济的优势，那么绿水青山也就变成了金山银山"①。

2020年8月，是"两山"理念提出15周年。15年来，余村在"两山"理念的引领下，走出了一条生态美、产业兴、百姓富的可持续发展之路。习近平总书记时隔15年再访余村。沿着村里道路，看到青山叠翠、流水潺潺、道路整洁，习近平总书记十分高兴地说，余村现在取得的成绩证明，绿色发展的路子是正确的，路子选对了就要坚持走下去。这里的山水保护好，继续发展就有得天独厚的优势，生态本身就是经济，保护生态，生态就会回馈你。

余村的变化是美丽中国建设的一个缩影。党的十八大以来，以习近平同志为核心的党中央把生态文明建设摆在治国理政的突出位置，开展一系列根本性、开创性、长远性工作，决心之大、力度之大、成效之大前所未有，推动生态文明建设从实践到认识发生了历史性、转折性、全局性变化。最具标志性的成果是系统形成了习近平生态文明思想，深刻回答了为什么建设生态文明、建设什么样的生态文明、怎样建设生态文明的重大理论和实践问题，为建设人与自然和谐共生的现代化提供了科学指引和根本遵循。

2018年3月，十三届全国人大一次会议通过宪法修正案，将"生态文明"作为"五位一体"总体布局中的一位、将"美丽"作为社会主义现代化强国五项目标中的一项写入宪法，明确"推动

---

① 习近平：《绿水青山也是金山银山》，《之江新语》，浙江人民出版社2007年版，第153页。

物质文明、政治文明、精神文明、社会文明、生态文明协调发展，把我国建设成为富强民主文明和谐美丽的社会主义现代化强国"。实际上，1982 年宪法从一开始就有关于生态环境保护内容。宪法第九条规定，国家保障自然资源的合理利用，保护珍贵的动物和植物，禁止任何组织或者个人用任何手段侵占或者破坏自然资源。宪法第二十六条规定，国家保护和改善生活环境和生态环境，防治污染和其他公害；国家组织和鼓励植树造林，保护林木。2018 年修宪，将"生态文明"、"美丽"等要求写入宪法，标志着中国共产党人对社会主义建设规律、人类文明发展规律的认识达到一个新高度，彰显了中国坚定不移走生态优先、绿色低碳发展道路的信心和决心。

"用最严格制度最严密法治保护生态环境"，这是习近平生态文明思想的重要内涵，是党中央、习近平总书记提出的明确要求。全国人大及其常委会加快生态环境领域立法工作步伐，2014 年 4 月对环境保护法进行全面修订，从法律层面确立起生态环境保护制度的"四梁八柱"，坚持源头严防、过程严管、后果严惩，被称为"史上最严"环境保护法。目前，现行有效的生态环境保护类法律有 30 余件，其中党的十八大以来新制定 9 件、修改 16 件，还有行政法规白余件、地方性法规千余件，包括综合类、生态保护类、污染防治类、资源类等类型，涵盖水、气、土、声、光、渣、辐射等各类污染要素和山、水、林、田、湖、草、沙等各类自然系统，以及长江保护法、黄河保护法、黑土地保护法等特定流域地域的生态环保法律，我国的生态环境保护法律体系基本形成并不断完善。

在习近平生态文明思想引领下，依照宪法法律打好打赢污染防治攻坚战，不断加强环境保护和生态修复，坚持不懈推进绿色低碳发展，在经济保持较高增速的同时，生态环境质量持续向好。蓝天白云重新展现，绿色版图不断扩展，绿色经济加快发展，能耗物耗不断降低，城乡环境更加宜居，美丽中国建设迈出重大步伐，一幅青山绿水、江山如画的美好图景在神州大地徐徐铺展。

第 四 篇

宪法是公民权利的保障书

★ ★ ★ ★ ★

党领导人民制定和实施宪法，最根本的目的是维护人民利益、反映人民意愿、保障人民权益、增进人民福祉。

——《谱写新时代中国宪法实践新篇章——纪念现行宪法公布施行 40 周年》（2022 年 12 月 19 日）

"公民的基本权利和义务"置于
"国家机构"之前

2014年9月5日上午，北京人民大会堂，庆祝全国人民代表大会成立60周年大会正在进行。习近平总书记铿锵有力地说，"我们各级国家机关的名称，都冠以'人民'的称号，这是我们对中国社会主义政权的基本定位"。"各级国家机关及其工作人员，不论做何种工作，说到底都是为人民服务。这一基本定位，什么时候都不能含糊、不能淡化"。① 话音一落，全场响起了热烈而持久的掌声。

回顾中华人民共和国成立70多年来的历程，"人民"这一我国社会主义政权的基本定位，始终不移且愈加鲜明。现行宪法在结构上的重大调整，就充分彰显了人民至上的理念。

我国1954年宪法、1975年宪法、1978年宪法，均将"公民的

---

① 习近平:《在庆祝全国人民代表大会成立60周年大会上的讲话》，人民出版社2014年版，第12—13页。

基本权利和义务"作为第三章，置于第二章"国家机构"之后。现行宪法在结构上作了重大调整，把"公民的基本权利和义务"放在第一章"总纲"后作为第二章，把"国家机构"作为第三章。

在现行宪法起草过程中，围绕是否作出这一结构变动，曾展开过热烈讨论。1982年2月14日、16日，中共中央书记处开会研究修改宪法问题。关于宪法的结构安排，出现了意见分歧。有人主张沿用1954年宪法的结构，先写"国家机构"。当时担任宪法修改委员会秘书长的胡乔木则认为"公民的基本权利和义务"应该放在"国家机构"之前，紧接在"总纲"后面；"权利和义务"是"总纲"的补充和继续，"国家机构"是程序问题，是为"总纲"和"权利和义务"规定的实质问题服务的。经过讨论，大家没有达成统一意见。16日下午，胡乔木让秘书告诉中国社会科学院法学研究所所长，请尽快把世界各国宪法结构中的权利和义务一章查一下，看看哪些国家把它放在前面，哪些国家放在后面，简单列个表，第二天9点前送到。研究所的同志们连夜查了111个国家的宪法，其中101个国家放在前面，10个国家放在后面。胡乔木随即把这份材料送中央常委和书记处各同志阅。2月17日下午，邓小平找彭真、胡乔木、邓力群谈关于宪法修改问题。他说：从1954年到现在，原来的宪法已有近30年了，新的宪法要给人面貌一新的感觉。我同意胡乔木的意见，把"权利和义务"放在"国家机构"的前面。2月27日，宪法修改委员会举行第二次全体会议，讨论宪法修改草案讨论稿。讨论稿说明中指出，"把关于人民的权利和义务的次序由过去的第三章提前到第二章，这也是加强人民民主，尊重人民权利的一个表现。"①3月9日开始，宪法修改委员会分三个组，依宪法结构顺序进行讨论，秘书处先后出了16期简报综合反映交流发言和意见。委员们和列席人员对讨论稿总体内容和结构基本肯定，尤其对把"公民的基本权利和义务"提到"国家机构"之前表示赞许，一致认为这个改动恰当、很好，从宪法上突出了国家一切权力属于人民的理念。4月17日的宪法修改委员会第三次全体会议、11月4日的宪法修改委员会第四次全体会议继续讨论"公民的基本权利和义务"，完善相关规定。

1982年12月4日，五届全国人大五次会议表决通过了现行宪法，把"公民的基本权利和义务"列为第二章，进一步彰显人民当家作主的国家性质和公民权利义务的重要地位，同时对公民的各项权利和自由作出了更为广泛、充分的规定。

① 《胡乔木文集》第二卷，人民出版社2012年版，第526页。

宪法中"公民"概念的确立

宪法有关公民基本权利和义务的规定，确定了每个公民在社会生活、国家生活中的地位。"公民"这个法律概念在我国宪法中的确立和运用，经历了认识和实践逐步深化的过程。

1949 年制定的发挥"临时宪法"作用的《共同纲领》中，受当时形势影响，没有使用"公民"的概念，而是以"人民"、"国民"作为过渡性概念来表述与新民主主义国家相对应的个人的法律地位。周恩来在中国人民政治协商会议第一届全体会议上作了《关于〈中国人民政治协商会议共同纲领〉草案的起草经过和特点》的报告，其中对"人民"与"国民"的定义作了说明。"人民"是指工人阶级、农民阶级、小资产阶级、民族资产阶级，以及从反动阶级觉悟过来的某些爱国民主分子。而对官僚资产阶级在其财产被没收和地主阶级在其土地被分配以后，消极的是要严厉镇压他们中间的反动活动，积极的是更多地要强迫他们劳动，使他们改造成为新人。在改变以前，他们不属于人民范围，但仍然是中国的一个国民，暂时不给他们享受人民的权利，却需要使他们遵守国民的义务。这就是人民民主专政。

新中国最早使用"公民"概念的规范性文件是 1953 年公布的《中华人民共和国全国人民代表大会及地方各级人民代表大会选举法》，该法第四条规定："凡年满十八周岁之中华人民共和国公民，不分民族和种族、性别、职业、社会出身、宗教信仰、教育程度、财产状况和居住期限，均有选举权和被选举权。"在 1954 年宪法的起草过程中，使用了"公民"的概念，草案的第三章为"公民的基本权利和义务"。1954 年 5 月 27 日，宪法起草委员会举行第二次全体会议，围绕这一概念，委员们进行了认真讨论。邓小平说：把全体人民改为全体公民为好。刘少奇说：这里的公民包括过去所谓的"人民"和"国民"在内。地主阶级分子也是公民，不过是剥夺了政治权利的公民，如果只写人民，就不能包括"国民"那一部分人了。李维汉说：宪法中的公民，包括所有中国国籍的人在内。5月 29 日，宪法起草委员会举行第四次会议。在这次会议上，法律小组根据宪法草案座谈会各组召集人联席会议的意见，就"人民"、"公民"、"选民"作了全面说明：

（1）人民：人民是国家一切权力的所属者，即国家的主人翁。毛泽东在《论人民民主专政》中说："人民"是什么？在中国，在现阶段，是工人阶级，农民阶级，城市小资产阶级和民族资产阶级。

（2）公民：公民包括一切具有中华人民共和国国籍的人。公民是法律上权利和义务的主体，享受宪法所保障的权利，担负宪法所规定的义务。

（3）"人民"通常是用于"集体"意义的，而"公民"总是用于"个别"意义的。"人民"是政治概念，指的是各民主阶级；"公民"是法律概念，表明在法律上的地位。

（4）"公民"和"选民"的区别。不是所有的公民都是"选民"。未满十八周岁的公民不是选民，依照法律被剥夺选举权的人不是选民，等等。

（5）关于"人民"和"公民"的用法：宪法草案一共用"人民"15次（当形容词用的，如人民革命、人民政府、人民团体、人民陪审制等）。除序言第三段末句"全体人民"的"人民"实际只指"公民"外，其余14次"人民"的意义是相同的，也是完全符合上面所作关于"人民"的解释的。宪法一共用"公民"29次，意义完全是相同的，也完全符合上面所作关于"公民"的解释。

经过反复研究讨论，一届全国人大一次会议审议通过的宪法最终确立"公民"的概念，单设"公民的基本权利和义务"一章。在1954年宪法的基础上，现行宪法在"公民的基本权利和义务"一章开篇明确公民的定义，即"凡具有中华人民共和国国籍的人都是中华人民共和国公民"。

我国宪法的每个文字都是经过千锤百炼的。宪法文本中"公民"这两个字，看似简单，但却意蕴深长，明确了对个人与国家之间政治关系的法律界定，鲜明体现了宪法观念、法治观念在我国的确立和发展。

公民在法律面前人人平等

现行宪法第三十三条规定："中华人民共和国公民在法律面前一律平等"。1982 年 11 月 26 日，彭真作为宪法修改委员会副主任委员，在五届全国人大五次会议上代表宪法修改委员会作关于宪法修改草案的报告。他郑重宣布："草案恢复了一九五四年宪法关于公民在法律面前一律平等的规定。我国的法律是工人阶级领导全国人民制定的，是广大人民的意志和利益的集中表现。在这样的法律面前，在它的实施上，所有公民都是平等的，任何公民都不允许有超越宪法和法律的特权。恢复这项规定是十分必要的。这是保证社会主义民主和社会主义法制实施的　条基本原则。"[①]

从删除到恢复，这一宪法条文几经跌宕起伏。1954 年宪法第八十五条规定："中华人民共和国公民在法律上一律平等"。之后，

[①]《十二大以来重要文献选编》(上)，人民出版社 1986 年版，第 140—141 页。

受"左"的错误思潮影响,这一规定被作为"资产阶级法律观点"加以错误批判。1975年宪法删去了这一规定。五届全国人大一次会议通过的1978年宪法,受当时历史条件局限,也没有恢复这一规定。

经历过十年"文革"动乱后,全党上下在思想上形成共识,就是必须加强法制,树立起宪法法律的权威。"在法律面前人人平等"开始越来越多地被提及。1978年12月,在党的十一届三中全会召开前,邓小平主持召开中央工作会议,他在会上指出:"为了保障人民民主,必须加强法制。必须使民主制度化、法律化,使这种制度和法律不因领导人的改变而改变,不因领导人的看法和注意力的改变而改变。"[1]也是在这次会议上,叶剑英说:"在人民自己的法律面前,一定要实行人人平等,不允许任何人有超于法律之上的特权。"[2]党的十一届三中全会通过的公报重申了这些观点。1979年7月1日,五届全国人大二次会议表决通过了关于选举法、地方组织法、人民法院组织法、人民检察院组织法、刑法、刑事诉讼法、中外合资经营企业法等七部法律。在七部法律草案的说明中,有这么一段话,"在法律面前人人平等,是我们全体人民、全体共产党员和革命干部的口号,是反对任何人搞特权的思想武器。共产党员和革命干部,在法律面前只有带头、模范地遵守法律的义务,决没有可以不守法的任何特权。"其中的人民法院组织法、人民检察院组织法、刑事诉讼法,都规定了公民在适用法律上一律平等,并增加

---

[1] 《邓小平文选》第二卷,人民出版社1994年版,第146页。

[2] 《叶剑英选集》,人民出版社1996年版,第499页。

了"不允许有任何特权"的内容。七部法律表决通过时，代表们的掌声经久不息。

1980 年 1 月 16 日，邓小平在中央召集的干部会议上指出："我们要在全国坚决实行这样一些原则：有法必依，执法必严，违法必究，在法律面前人人平等。"①8 月 18 日，邓小平在中央政治局扩大会议上发表《党和国家领导制度的改革》重要讲话，其中明确提出："公民在法律和制度面前人人平等"②。

在深入总结历史经验的基础上，现行宪法恢复了"中华人民共和国公民在法律面前一律平等"的规定，这成为新时期我国公民权益保障的重要宪法原则，并在民主法治建设中全面得到落实、日益深入人心。2014 年 10 月，党的十八届四中全会专门研究了全面推进依法治国若干重大问题，并作出了《中共中央关于全面推进依法治国若干重大问题的决定》。《决定》中指出，"坚持法律面前人人平等。平等是社会主义法律的基本属性。任何组织和个人都必须尊重宪法法律权威，都必须在宪法法律范围内活动，都必须依照宪法法律行使权力或权利、履行职责或义务，都不得有超越宪法法律的特权。"在党的领导下，"法律面前人人平等"这一重要宪法原则正越来越鲜明地展现出其实践特色、时代特色。

---

① 《邓小平文选》第二卷，人民出版社 1994 年版，第 254 页。
② 《邓小平文选》第二卷，人民出版社 1994 年版，第 332 页。

"国家尊重和保障人权"写入宪法

1954 年 9 月 20 日，一届全国人大一次会议通过《中华人民共和国宪法》，庄严宣告"中华人民共和国的一切权力属于人民"，规定公民在政治、经济、社会、文化、人身等方面享有的广泛权利与自由，展开了社会主义中国人民权利保护的宪法篇章。2004 年 3 月 14 日，十届全国人大二次会议通过《中华人民共和国宪法修正案》，将"国家尊重和保障人权"写入宪法，以国家根本法形式作出加强人权保护的鲜明宣示，这是我国民主法治建设的一件大事，同样具有里程碑意义。

回顾我国宪法发展历程，对人民权利的保护是一以贯之的，但具体到"人权"的表述入宪，过程并非一帆风顺。新中国成立后，在较长一段时期里，由于"左"的思想影响，"人权"这两个字一度被看成是资产阶级口号。随着改革开放和社会主义民主法治建设的深入推进，我们党总结中国和世界人权发展实践，对人权问题进行再认识。1991 年 11 月 1 日，国务院新闻办公室发布题为《中国的人权状况》白皮书，这是中国政府向世界公布的第一份以人权为主题的官方文件，第一次从人权的角度总结近代以来中国革命、建设与改革开放的历史，并结合中国国情阐明了中国的人权状况与人权基本观点。1997 年，党的十五大首次将"保证人民依法享有广泛的权利和自由，尊重和保障人权"写入大会报告之中。2002 年，党的十六大重申"尊重和保障人权"，并将"人民的政治、经济和文化权益得到切实尊重和保障"、"促进人的全面发展"等内容纳入全面建设小康社会的目标之中。2003 年 10 月，党的十六届三中全会审议通过《中共中央关于修改宪法部分内容的建议》，其中包括将"国家尊重和保障人权"写入宪法。在十届全国人大二次会议通过的宪法修正案中，"国家尊重和保障人权"成为宪法确立的重大原则，成为所有国家机关、武装力量、政党、社会团体、企业事业组织必须遵守的行为准则和法律义务。

中国共产党带领人民全面认真实施宪法，带头履行尊重和保障人权的宪法责任，切实保障人民的生存权、发展权，大幅提升经济、社会、文化、环境权利保障水平，协调推进公民权利和政治权利保障，加强对少数民族、妇女儿童、老年人、残疾人等特定群体权利的保障，促进各项人权全面发展，接续书写新中国人权保障的壮丽史诗。贫困是实现人权的最大障碍，我国的减贫成就是人权事业发展的集中体现。党的十八大以来，党和国家把贫困人口全部脱贫作为全面建成小康社会的底线任务和标志性指标，组织实施了人类历史上规模空前、力度最大、惠及人口最多的脱贫攻坚战。经过持续奋斗，2020 年我国如期完成新时代脱贫攻坚目标任务，现行标准下 9899 万农村贫困人口全部脱贫，832 个贫困县全部摘帽，12.8 万个贫困村全部出列，区域性整体贫困得到解决，创造了世界人权保障的新奇迹。"国家尊重和保障人权"，既旗帜鲜明地体现在具有最高法律效力的宪法文本里，也现实地、具体地体现在中国共产党和中国政府推动人权事业全面发展的伟大实践中，现实地、具体地体现在广大人民不断增强的获得感、幸福感、安全感中。

一位 106 岁老人的 18 次选举投票

2021 年 10 月 15 日，四川省雅安市天全县新华乡永安村的 106 岁老人李朝兰起了个大早。这天是乡人大换届选举投票的日子，由于老人年事已高、腿脚不便，新华乡选举委员会的工作人员将带着流动票箱上门提供服务。"阿婆早上好！我们是此次县乡人大代表换届选举第一选区流动票箱的工作人员。请您出示一下您的选民证，我们核对后给您发放选票。"上午 10 时左右，选举工作人员来到了李朝兰家中。李朝兰小心翼翼地把选民证递给工作人员，并逐个询问候选人有关情况。选谁，老人心中已经有杆秤。她认真填好选票，在工作人员和家人搀扶下，颤颤巍巍地走到投票箱前，双手举起选票，郑重投进票箱。

"第一次参加选举，是 1953 年的冬天。那次投票，我们还是用玉米投的呢！"望着票箱，李朝兰陷入了回忆，"那天，我好高兴哦，激动得几乎一夜没睡！一晃，快七十年过去啦。"

旧中国的老百姓对"选举"这个词不算陌生，但留下的并不是好印象。直系军阀曹锟靠出价收买议员获选大总统，被称为"贿选总统"，国会和收受贿赂的议员被称为"猪仔国会"、"猪仔议员"。袁世凯用便衣警察冒充的"公民团"包围众议院，议员们被胁迫重投三次票，"选"他当上了总统。"蒋记国民大会"时期，也上演过官僚、士绅、流氓、特务沿街叫喊"一张选票一块毛巾"的丑剧。

而李朝兰老人回忆的那次选举，是第一次真正属于中国人民自己的选举。新中国的成立，开辟了人民当家作主的新纪元。1953年1月13日，中央人民政府委员会第二十次会议决定，在1953年召开由人民普选产生的乡、县、省（市）各级人民代表大会，并在此基础上召开全国人民代表大会。同时决定成立选举法起草委员会，起草选举法。同年3月1日，中央人民政府颁布《中华人民共和国全国人民代表大会及地方各级人民代表大会选举法》，为新中国的民主选举提供了法律依据。1953年7月到1954年5月，在全国范围内开展了基层人民代表大会代表的选举。当时全国近6亿人口，登记选民总数为3.238亿人，占18周岁以上人口总数的97.18%；参加投票的有2.78亿人，占登记选民总数的85.88%，共选出566万多名基层人大代表。在这场空前的民主实践中，像李朝兰这样千千万万普通中国老百姓真正拥有了民主权利，他们的政治热情被极大地激发。海淀区蔡公庄乡选民名单公布时，农民侯山挤进人群去找自己的名字，找到后高兴地告诉别人："侯山就是我，榜上还有我的女人，我的儿媳妇，我的儿子，我们全家够岁数的人都上了选民榜。"农民孙昌福领到选民证时激动地说："我要把它当红契（指土地证）一样好好收着！"78 岁的老人赵德海用太平歌词调子宣传选举。历经时代变迁的他说："这是人民自己的大事情，我要好好参加宣传。"天津郊区的青年妇女蒋宝珍结婚时正赶上选举，她为了投票，等了 2 个小时才上花车。她说："结婚是大事，选举更是大事；结婚是喜事，选举更是喜事。"

在这次规模巨大的普选的基础上，逐级召开了人民代表大会会议。省、市人民代表大会，中央直辖少数民族行政单位，以及军队单位和华侨等 45 个选举单位，选举产生了 1226 名第一届全国人大代表。这 1226 名全国人大代表投票通过的宪法，第八十六条明确规定："中华人民共和国年满十八岁的公民，不分民族、种族、性别、职业、社会出身、宗教信仰、教育程度、财产状况、居住期限，都有选举权和被选举权"。

在之后的半个多世纪里，李朝兰参加了多次人大换届选举，见证了新中国选举制度的建立与完善，民主政治实践的不断丰富和发展。我国宪法中有关选举的规定日益完善，全国人大及其常委会于 1982 年、1986 年、1995 年、2004 年、2010 年、2015 年、2020 年，先后 7 次对选举法进行修改补充，逐步实现城乡按相同人口比例选举人大代表，并保证各地区、各民族、各方面都有适当数量的代表。改革开放以来，我国共进行了 12 次乡级人大代表直接选举、11 次县级人大代表直接选举，参选率都在 90％以上；进行了 8 次县级以上人大代表间接选举。李朝兰老人参加的就是最近的一次县乡两级人大换届选举，从 2021 年上半年开始，至 2022 年 6 月底完成，全国 10 亿多选民参加选举，是世界上规模最大的基层民主选举，共选出县乡两级人大代表 260 多万名。

2021 年 11 月 5 日，习近平总书记以普通公民身份在西城区参加区人大代表选举。他来到怀仁堂投票站，郑重行使宪法赋予的民主权利，投下神圣的一票。习近平总书记强调，选举人大代表，是人民代表大会制度的基础，是人民当家作主的重要体现。要把民主选举、民主协商、民主决策、民主管理、民主监督各个环节贯通起来，不断发展全过程人民民主，更好保证人民当家作主。在一次一次的选举中，一张一张的选票上，中国人民民主的故事在不断地延续着、讲述着。

一件来自公民的备案审查建议

2021 年 6 月，全国人大常委会法制工作委员会收到了一封群众来信。来信提出，某市人口与计划生育条例的一些条款是不恰当的，如 "对涉嫌违法生育的，卫生和计划生育行政部门应当进行调查。必要时，市或者区县（自治县）卫生和计划生育行政部门可以要求当事人进行技术鉴定以查清事实，当事人应当配合"。来信认为，这一做法没有上位法支撑，且变相突破上位法限制，极易引起社会混乱，有失行政机关公信力，与国家大政方针和社情民意不相宜，应予以纠正，申请对此进行合法性审查。

这一公民备案审查建议，指的是本世纪初一些地方为了查处超生而引入的强制亲子鉴定，有的地方把这一技术手段写入了地方性法规。2020 年，党的十九届五中全会明确提出，"增强生育政策包容性"，一批计划生育法规相继被清理废除。2020 年到 2021 年间，多个省份在修订计划生育条例时删除了强制亲子鉴定条款。但有的地方依旧保留这一规定。2020 年甚至还出现个别地方依据"涉嫌违法生育且拒绝技术鉴定",对当事人进行罚款的情况。

全国人大常委会法制工作委员会对这一备案审查建议作了深入研究,在审查研究意见中援引了多个宪法条文。法工委认为,亲子鉴定的作用是确定父母子女等亲子关系,亲子关系涉及公民人格尊严、身份、隐私和家庭稳定,影响未成年人的健康成长,属于公民基本权益,如非公民主动申请,或者法律强制性规定,公权力不应强制要求公民进行亲子鉴定,进而干预亲子关系。我国宪法第三十二条第三款规定,国家尊重和保障人权;第三十八条规定,公民的人格尊严不受侵犯;第四十九条规定,婚姻、家庭、母亲和儿童受国家的保护。在没有上位法规定的情况下,地方性法规轻易设定强制亲子鉴定的行政调查措施,不符合宪法法律有关原则精神。法工委与这部人口与计划生育条例的制定机关进行沟通,督促其作了修改。

2021 年 12 月 21 日,十三届全国人大常委会第三十二次会议听取审议了全国人大常委会法制工作委员会关于 2021 年备案审查工作情况的报告。报告中专门通报这个问题,指出:"有的地方性法规规定,有关行政部门为调查计划生育违法事实,可以要求当事人进行亲子鉴定;对拒不配合的,处以一万元以上五万元以下罚款。有公民对上述规定提出审查建议。我们审查认为,亲子关系涉及公民人格尊严、身份、隐私和家庭关系和谐稳定,属于公民基本权益,受宪法法律保护,地方性法规不宜规定强制性亲子鉴定的内容,也不应对此设定相应的行政处罚、处分、处理措施。经沟通,制定机关已对相关规定作出修改。"

这个案例，是最高国家权力机关通过备案审查保护公民基本权利的生动体现。正是通过一次又一次对公民具体"小事"权利的维护，尊崇宪法就是尊崇公民的自由与尊严，维护宪法就是维护公民的基本权利，这种对宪法法律的信仰日益牢固地树立起来。

"公民有受教育的权利和义务"

1954 年，18 岁的封耀松被选中给毛泽东当贴身警卫员。毛泽东很喜欢这个稚气未脱的娃娃兵，问他："你叫什么名字啊？"封耀松赶紧回答："封耀松"。毛泽东又问："是不是河南开封的封？"封耀松一本正经地回答："不是的，是一封信两封信的封。"一听这话，毛泽东哈哈大笑，道："不管你有几封信，不开封你就看不见信噢。那是一个字，懂了吗？"在场的人都笑了起来，封耀松这才知道自己闹了个笑话，脸都红了。之后，毛泽东从自己的工资和稿费里出钱，办了一所中南海机关社会主义学校，专门为封耀松这些文化水平不高的工作人员学习。

小封的故事，反映了当时中国的教育状况。新中国成立初期，全国总人口为 5.4 亿，其中 80% 以上的人口为文盲，农村文盲率高达 95% 以上，有的地方十里八村也找不出一个识文断字的人。小学实际入学率不到 20%，高等教育在校生人数只有 11.7 万人。广大人民群众在政治上翻了身，但如果不识字、没文化，就无法实现真正彻底的翻身，新中国就无法改变一穷二白的面貌。1950 年 9 月，全国第一次工农教育会议在北京召开，毛泽东在会上提出"推行识字教育运动，逐步减少文盲"，确定在全国范围内开展扫盲工作。在扫盲运动开展过程中，毛泽东还亲自制定了"每人必须认识 1500 到 2000 个字"的扫盲标准。当时，工厂有"车间学校"，煤矿有"坑口学习小组"，运输队有"火车队学习小组"，农村有"地头学习小组"，妇女有"炕头学习小组"等，读书声声响、处处是课堂。"我要识字"成为新中国的新风尚。据统计，从 1949 年到 1957 年，累计有 34635.4 万人参与了扫盲学习，扫除文盲 2796.7 万人。

中国共产党把对广大人民受教育权的重视，体现在实实在在的行动上，也体现在宪法的规定里。在制定 1954 年宪法时，"中华人民共和国公民有受教育的权利"被郑重写入国家根本法，并且进一步规定："国家设立并且逐步扩大各种学校和其他文化教育机关，以保证公民享受这种权利"。不仅规定了公民受教育的权利，而且强调为实现这些权利提供物质保障。

现行宪法进一步完善了这一规定，明确规定："中华人民共和国公民有受教育的权利和义务"。受教育，不仅仅是每个公民享有的权利，也成为应尽的义务。1986 年 4 月 12 日，贯彻落实宪法规定，六届全国人大四次会议审议通过义务教育法，把免费的、义务的教育用法律形式固定下来，适龄的"儿童和少年"必须接受九年制义务教育。这年 7 月 1 日，九年制义务教育正式开始在全国推行。

在 20 世纪 80 年代，虽然九年制义务教育免收学费，但各种其他费用对于一些贫困家庭来说依旧是沉重负担，每年仍有约 100 万儿童因家庭贫困失学。1991 年，中国青年报的记者走进安徽金寨张湾小学，8 岁的苏明娟知道父母省吃俭用才凑齐学费，格外珍惜上学的机会，她完全没有注意到，依旧认真专心听课，手里握着笔杆，睁着大大的眼睛看向老师。记者拍下了这个珍贵的镜头，他看到了小姑娘眼中对知识的渴望，把照片命名为"我要上学"。"我要上学"照片发表后，很快被国内各大报纸杂志争相转载，无数人记住了"大眼睛"——刻苦学习的苏明娟，这张照片也被中国"希望工程"作为宣传标志。1992 年，党的十四大提出把"到本世纪末，基本扫除青壮年文盲，基本实现九年制义务教育"作为 90 年代我国教育事业发展的重要目标。1993 年，印发《中国教育改革和发展纲要》，正式将"两基"作为新的奋斗目标。2001 年，国务院出台《关于基础教育改革与发展的决定》。围绕全面普及九年义务教育，全国上下共同努力，展开了一场持久的"普九"攻坚战，取得了显著成效。2006 年 6 月 29 日，全国人大常委会修订通过义务教育法，明确国家将义务教育全面纳入财政保障范围。从 2006 年春季学期开始，西部地区农村义务教育阶段学生免收学杂费，2007 年春推及全国农村地区，2008 年秋推广至全国。至此，义务教育实现"全免费"。

在宪法和法律的保障和推动下，目前，全国共有各级各类学校近 53 万所、在校生超 2.9 亿人。在实现全面普及的基础上，九年义务教育巩固率达到 95.4%，残疾儿童义务教育入学率达 95% 以上。高中阶段教育毛入学率达 91.4%。高等教育毛入学率 57.8%，建成世界上最大规模的高等教育体系。各级教育普及程度达到或超过中高收入国家平均水平，其中学前教育、义务教育达到世界高收入国家平均水平，高等教育进入普及化阶段。劳动年龄人口平均受教育年限达 10.9 年。建立覆盖从学前教育到研究生教育的全学段学生资助政策体系，不让一个孩子因家庭经济困难而辍学的目标基本实现。

从"扫盲运动"到"希望工程"，从宪法权利到一系列法律和政策保护措施，时光跨越几十年，维护和发展人民受教育权利，始终是党和国家的坚定目标和重点工作。

推动"男女同工同酬"的功勋人物申纪兰

　　2019年9月29日上午，共和国勋章和国家荣誉称号颁授仪式在人民大会堂三楼金色大厅举行。伴随着欢快的迎宾曲，习近平总书记与90多岁的申纪兰老人走在最前列，缓缓步入会场，全场起立，热烈鼓掌。申纪兰老人第一个走上颁授台，习近平总书记将共和国勋章佩挂到老人的胸前。这一枚勋章，沉甸甸、金灿灿，体现着共和国对这位老人一生事业的充分肯定，也折射着新中国妇女解放和权益保护事业不断前进的荣光。

　　时光回溯到1954年9月，24岁的申纪兰作为第一届全国人大代表出席一届全国人大一次会议。在庄严的中南海怀仁堂，她用朴实无华的语言表达着对新中国、对新中国第一部宪法的热爱。"过去，妇女们不用说管理国家大事，连家庭小事也挨不着管。""直到共产党、毛主席来了以后，我们妇女才得到解放。""我们妇女完全拥护宪法中关于妇女权利、保护母亲儿童的规定，可是我们更拥护整个的宪法。宪法是使我国建成社会主义社会的保证。只有社会主义，才能使我们妇女得到真正的解放、真正的平等。"

当年的申纪兰，是山西省长治县西沟村李顺达农林畜牧生产合作社的副社长。西沟村是全国知名的先进村，生产成绩好，但妇女在生产、生活中的地位却是低的。村里妇女大多是围着"炕台、碾台、灶台"转，即使参加了互助组，干一天活只顶"老五分"，而同样的活男人却拿十分。村里一些妇女沮丧地表示"咱怎样劳动也显不出来"。申纪兰在发动妇女参加农业主要劳动的同时，积极推动男女同工同酬。她向村里申请专门划出一块地来给女社员单独种，同男社员进行竞赛。妇女社员们咬紧牙关、埋头苦干，最终赢得了竞赛。到 1952 年，西沟村农业生产合作社基本上实现了男女同工同酬的记分方式。1953 年 1 月 25 日，《人民日报》发表长篇通讯《"劳动就是解放，斗争才有地位"——李顺达农林畜牧生产合作社妇女争取同工同酬的经过》，西沟村和申纪兰的故事在全国激起热烈反响。1953 年，申纪兰作为代表出席了第二次全国妇女代表大会。1954 年 9 月，当选为第一届全国人大代表的申纪兰，在会上积极建言献策，投下了对新中国第一部宪法的神圣一票。

1954 年宪法第九十六条规定："中华人民共和国妇女在政治的、经济的、文化的、社会的和家庭的生活各方面享有同男了平等的权利。"这一原则在宪法的历次修改完善中一以贯之，相关规定不断充实完善，推动新中国的妇女事业不断蓬勃发展。现行宪法第四十八条规定："中华人民共和国妇女在政治的、经济的、文化的、社会的和家庭的生活等各方面享有同男子平等的权利。国家保护妇女的权利和利益，实行男女同工同酬，培养和选拔妇女干部。"在宪法的统领下，1992年制定实施了中国第一部促进男女平等、保障妇女权益的基本法——《中华人民共和国妇女权益保障法》。以宪法为基础，以妇女权益保障法为主体，逐步形成并完善了包括100多部单行法律法规在内的保障妇女权益的法律体系。现在，妇女受教育程度大幅提升，义务教育阶段性别差距基本消除；全社会就业人员中女性占比超过四成，全国科技工作者女性占比接近50%，互联网领域创业者中女性占55%；十三届全国人大的女代表比例达到24.9%，比1954年一届全国人大提高12.9个百分点，妇女更加广泛地参与到决策、企业民主管理和基层民主管理中来，在经济社会发展中的"半边天"作用日益彰显。

从1954年当选为第一届全国人大代表至2020年6月28日去世，申纪兰是全国唯一一位从第一届连任到第十三届的全国人大代表。她66年代表生涯兢兢业业，为维护妇女权利、推动国家事业发展不懈努力。连续53次参加全国人民代表大会会议，一次也没有缺席过。在去世前的1个月，还抱病出席了十三届全国人大三次会议。历次会议上提交的关于山区交通建设、耕地保护、新型农村合作医疗、农村教育等大量议案建议，得到了采纳和落实。申纪兰被称为人民代表大会制度的"常青树"、"活化石"。

少数民族代表共话脱贫攻坚故事

　　我国共有近 3000 名全国人大代表，按人口比例计算，近 50 万人产生一名全国人大代表。为保证少数民族有相当数量的代表出席全国人民代表大会，参与管理国家事务。宪法第五十九条规定，在全国人民代表大会中，"各少数民族都应当有适当名额的代表"。55 个少数民族包括人口很少的鄂伦春、独龙、赫哲、珞巴族等都有本民族的全国人大代表。十三届全国人大代表中，少数民族代表 438 名，占 14.7%。每年的全国人民代表大会会议，身着民族服装的少数民族代表都是一道亮丽的风景线。

　　少数民族代表来参加全国人民代表大会会议，集中关注的是少数民族和民族地区如何加快发展。2020 年全国两会召开前夕，习近平总书记对毛南族实现整族脱贫作出重要指示：近年来，多个少数民族先后实现整族脱贫，这是脱贫攻坚工作取得的重要成果。希望乡亲们把脱贫作为奔向更加美好新生活的新起点，再接再厉，继续奋斗，让日子越过越红火。在那一年的全国人民代表大会会议上，围绕习近平总书记的重要指示，多位少数民族代表讲起了本民族的脱贫故事。

位于广西西北部的环江县是全国唯一的毛南族自治县。2020年5月初，环江县退出贫困县序列，毛南族由此实现整族脱贫。时任全国人大代表、环江毛南族自治县县长黄炳峰说，毛南族整族脱贫，离不开党和国家的民族政策，离不开国家在资金和项目安排上给予的支持和倾斜。他在十三届全国人大二次会议广西代表团审议现场立下的脱贫"军令状"实现了，环江站在了新的历史起点上。

独龙族是新中国成立后由原始社会末期直接过渡到社会主义社会的"直过民族"，由于交通闭塞、条件恶劣，深受贫困之苦。在党和国家的帮扶和当地群众的不懈奋斗下，2019年实现整族脱贫。全国人大代表、贡山独龙族怒族自治县人大常委会主任马正山说，今年准备了关于独龙江公路提升改造工程的建议，这也是贡山县城通往独龙江乡的唯一一条公路，承载着独龙族人民致富的希望。从"无路"到"有路"再到"好路"，独龙族人民的致富路正越走越宽广。

凉山彝族自治州是全国最大的彝族聚居区，也是全国集中连片深度贫困地区之一。全国人大代表、四川省凉山彝族自治州昭觉县庆恒乡庆恒村党支部书记吉克石乌告诉记者，昭觉县47个乡镇271个村的22320户建档立卡贫困户已实现"两不愁三保障"目标，2020年底实现脱贫摘帽没有问题。她说："党中央一直很关心我们彝族兄弟姐妹，给了很多扶持和照顾，我们一定不会让大家失望!"

临夏回族自治州地处青藏高原和黄土高原过渡地带,属于国家重点扶持的"三区三州"深度贫困地区,也是东乡族群众主要聚居地,是脱贫攻坚战的"硬骨头"。通过养牛羊、建车间、发展产业等措施,东乡族群众生活发生了翻天覆地的变化。甘肃省临夏回族自治州广河县庄窠集镇西坪村党支部书记马天龙,是唯一的东乡族全国人大代表。他在临夏州做了21年村干部,是东乡族脱贫致富的亲历者、参与者、见证者。马天龙说,时间紧、任务重,临夏州还有两个县没有脱贫,要集中力量攻坚克难、扫尾清零,高质量打赢脱贫攻坚战。

这几段故事,是波澜壮阔脱贫攻坚史诗里的几个缩影,也展现了我国落实宪法规定,维护民族平等,重视保障少数民族权利和利益,帮助各少数民族加速经济和文化发展的生动实践和非凡成就。通过实施西部大开发、兴边富民行动、扶持人口较少民族、少数民族特色村镇保护与发展、对口支援以及制定少数民族事业专项规划等战略举措,打赢了民族地区脱贫攻坚战,民族地区基础设施和公共服务不断完善,百姓生活日新月异,少数民族和民族地区经济社会实现了跨越式发展。面向未来,"铸牢中华民族共同体意识"的深厚根基和光明前景,也必然在宪法的伟大实践中进一步彰显。

"我们要为残疾人创造一切可能性"

张海迪，5 岁时因病高位截瘫，但自学成才，从事文学创作和翻译工作取得巨大成绩，被誉为"当代保尔"和"80 年代新雷锋"，她的故事感染和鼓舞了一代又一代人。多年来，张海迪一直为推动残疾人事业的发展进步而不断努力着。2022 年 3 月，对她来说更是格外忙碌的一个月。身为全国政协常委和北京冬残奥会中国体育代表团团长，张海迪既要率领中国体育代表团参加北京冬残奥会，还要考虑身为政协委员履职的事情。

从 1998 年担任全国政协委员开始，张海迪在全国政协已履职 24 年。每年全国两会，她的提案都与保障残疾人权益、改善残疾人处境有关。2022 年张海迪提交的提案是，建议使用先进的科学技术为盲人的生活提供更好的帮助。她真切地说，最重要的我觉得还是要带着感情去写提案，残疾人承受的痛苦我们要放在心上。我们要让他们实现自己的梦想，我们要为残疾人创造一切可能性。

2008 年，张海迪当选为中国残联主席，作为全国各类残疾人统一组织，中国残联具有代表、服务和管理职能，主要宗旨之一就是团结帮助残疾人，为残疾人服务。她说："我每一年都要到基层调研，我们要通过这些调研知道残疾人需要什么，我们去做他们之需。""令人欣慰的是，'十三五'期间，全国有 710 多万建档立卡贫困残疾人摆脱了贫困，1180 多万残疾人纳入了特困救助供养和最低生活保障，困难残疾人生活补贴和重度残疾人护理补贴惠及 2600 多万残疾人。"

北京 2022 冬残奥会，对张海迪来说，是促进中国残疾人事业高质量发展的一次契机。"北京 2022 冬残奥会一定会促进残疾人事业高质量发展，也会推动我国残疾人体育运动水平，特别是冬残奥运动水平进一步提高，激励越来越多的残疾人运动员参与体育运动，康复健身。""举办北京冬残奥会一定会进一步唤起全社会对残疾人的关注。我们要促进残疾人充分参与共享经济社会发展成果，这是对残疾人生命的尊重和鼓舞。"在这次冬残奥会上，中国体育代表团获得 18 枚金牌、61 枚奖牌，名列金牌榜和奖牌榜首位，创造了参加冬残奥会以来的最好成绩，形象地诠释了本届冬残奥会会徽"飞跃"的含义。

"我们要为残疾人创造一切可能性"，是张海迪的工作目标，也是我国宪法关于残疾人保护规定的主旨所在。

宪法第四十五条规定："国家和社会帮助安排盲、聋、哑和其他有残疾的公民的劳动、生活和教育。"围绕这一宪法规定，形成了以残疾人保障法为主干，以残疾预防、康复、教育、就业、无障碍环境建设条例等为重要支撑的残疾人权益保障法律法规体系，形成了党委领导、政府负责、社会参与、残疾人组织充分发挥作用的中国残疾人工作体制。社会各界、各方力量认真落实宪法法律的规定，在日常生活、考试就业、体育健身、医疗康复、融入社会等方面打造无障碍环境，为残疾人创造更多机会，一大批像张海迪这样的体现民族精神和时代风貌的优秀残疾人涌现出来。在宪法的护卫下，残疾人的梦想正越来越紧密地融入中华民族伟大复兴的中国梦。

"被告人有权获得辩护"

辩护权是犯罪嫌疑人、被告人的一项基本权利，从 1954 年宪法到现行宪法，均明确规定："被告人有权获得辩护"。在制定 1954 年宪法时，围绕这一规定，曾有过比较集中的讨论。

1954 年宪法草案初稿的相关表述是："被告人有辩护权"。讨论中，这一表述有两种修改意见：一是保留原文；二是修改为"被告人有权获得辩护"。在 1954 年 5 月 29 日举行的宪法起草委员会第四次全体会议上，大家纷纷对此发表看法。

陈叔通说："我主张维持原文。苏联写的是'被告人有权获得辩护'，上面还有'保证'二字。我们条件不够，没有律师，还是维持原文好。"

刘少奇的意见是："他说他不会讲话，到了法院里说不清楚，要求法院里找个人能把他要说的话说清楚，是不是给他找？不一定有律师。"

邓小平说："照原文，好像被告人现在才有辩护权。写'有权获得辩护'比较庄严些。"

刘少奇又说："困难是有的，但不能因有困难，这项权利就不要了。宪草要公布，全世界都可看到，写'有权获得辩护'比较好些，叔老看怎么样？"

陈叔通说："我并不反对这么写，就怕做不到。"

邓小平说："找律师找不到，但可以自己辩护，也可以找别人替他辩护，也可让法院找人给他帮忙，不一定非找律师。"

讨论结果，大家同意修改为"被告人有权获得辩护"。最终，1954 年宪法第七十六条规定："被告人有权获得辩护"。

这场讨论，反映了我国老一辈革命家维护公民基本权利的决心。但在 1954 年宪法公布后很长一段时期里，辩护制度并没有很好建立起来。一方面是认识上的问题，曾经出现过"为什么要允许被告自己辩护""坏人不老实，狡猾抵赖怎么办""是否会放纵坏人"等看法，甚至把律师替被告辩护说成是"为犯人说话""站在敌人的立场"。另一方面是辩护制度的基础比较薄弱，也没有建立起与这一要求相适应的一批律师队伍和法律专业人才队伍。在"文化大革命"时期，辩护制度更是被指为"资产阶级的""修正主义的"，对于种种诬告不容当事人辩解，制造了大量的冤假错案。事实表明，不但要在宪法法律上明确规定被告人有辩护权，而且必须在实践中规定种种制度，从物质等多方面做好必要准备，才能够切实保证辩护权的实施。

改革开放以来特别是党的十八大以来，在党的领导下，辩护制度不断发展和完善。我国已制定实施刑事诉讼法、民事诉讼法、行政诉讼法、律师法、法律援助法等法律；律师总人数超过 60 万，律师事务所超过 3.7 万家。2017 年 9 月，司法部会同最高人民法院部署在北京等 8 个省（市）和黑龙江等 11 个省（市）分别开展刑事案件律师辩护全覆盖和律师调解试点工作。2018 年底，两项试点扩大到全国。2022 年底，基本实现审判阶段刑事案件律师辩护全覆盖。宪法规定的这一权利不断落地落实，实现了从被告人"有权"获得辩护，到"有人"为被告人提供辩护，再到被告人获得"有效"律师辩护的巨大转变。

第 五 篇
让文本上的宪法落地生根、浸润人心

　　宪法的生命在于实施，宪法的权威也在于实施。我们要坚持不懈抓好宪法实施工作，把全面贯彻实施宪法提高到一个新水平。

——《在首都各界纪念现行宪法公布施行 30 周年
大会上的讲话》（2012 年 12 月 4 日）

国家主席首次宪法宣誓

2018 年 3 月 17 日上午，一场瑞雪降临北京。在庄严肃穆的人民大会堂万人大礼堂，12 名陆海空三军仪仗兵一路正步，穿过会场行进至主席台前，护卫着一本红色的《中华人民共和国宪法》入场。

10 时 54 分，伴随着嘹亮的主席出场号角，新当选的中华人民共和国主席、中华人民共和国中央军事委员会主席习近平迈着自信而坚毅的步伐走向宣誓台。国徽高悬，熠熠生辉，习近平左手抚按宪法，右手举拳，面向近 3000 名全国人大代表掷地有声地宣读誓词："我宣誓：忠于中华人民共和国宪法，维护宪法权威，履行法定职责，忠于祖国、忠于人民，恪尽职守、廉洁奉公，接受人民监督，为建设富强民主文明和谐美丽的社会主义现代化强国努力奋斗！"

铮铮誓言，是依法治国、依宪执政的庄严承诺！

铮铮誓言，是我将无我、不负人民的殷殷深情！

铮铮誓言，是披荆斩棘、击水中流的责任担当！

这是人民共和国历史上首次国家领导人宪法宣誓，是宪法宣誓制度施行以来首次在全国人民代表大会举行的宪法宣誓仪式。

"治国凭圭臬，安邦靠准绳。"宪法是治国安邦的总章程，是党和人民意志的集中体现。习近平总书记在党的十八届四中全会上提出建立宪法宣誓制度，凡经人大及其常委会选举或者决定任命的国家工作人员正式就职时公开向宪法宣誓。2015年6月，全国人大常委会作出《关于实行宪法宣誓制度的决定》，以国家立法形式建立我国宪法宣誓制度。2018年3月11日，十三届全国人大一次会议通过宪法修正案，将宪法宣誓制度正式载入宪法。时隔几天，新当选的习近平主席庄严进行宪法宣誓，带头尊崇和执行宪法，彰显了我们党坚持依宪治国、依宪执政的信念和决心。

宪法宣誓不仅仅是一种政治仪式，更是弘扬宪法精神、保障宪法实施的制度安排。从中央到地方，各级国家机关认真实施宪法宣誓制度，人大选举或任命的国家公职人员依法宣誓，进一步增强宪法观念，自觉忠于宪法、维护宪法、实施宪法，引导全社会树立宪法权威，做宪法的忠实崇尚者、自觉遵守者、坚定捍卫者。

以共和国名义授勋

"天地英雄气，千秋尚凛然。"英雄是民族最闪亮的坐标。2019年、2020年，党和国家两次开展国家勋章和国家荣誉称号集中评选颁授，隆重表彰为国家建设和发展作出杰出贡献的功勋模范人物，推动全社会形成见贤思齐、崇尚英雄、争做先锋的良好氛围。

以中华人民共和国之名，授予"中国氢弹之父"于敏、"世纪人民代表"申纪兰、"'两弹一星'元勋"孙家栋、"志愿军一级英雄"李延年、"战斗英雄"张富清、"杂交水稻之父"袁隆平、"中国核潜艇之父"黄旭华、"诺贝尔生理学或医学奖获得者"屠呦呦、"生命的卫士"钟南山"共和国勋章"。

以中华人民共和国之名，授予叶培建、吴文俊、南仁东、顾方舟、程开甲"人民科学家"国家荣誉称号；授予于漪、卫兴华、高铭暄"人民教育家"国家荣誉称号；授予王蒙、秦怡、郭兰英"人民艺术家"国家荣誉称号；授予艾热提·马木提、申亮亮、麦贤得、张超"人民英雄"国家荣誉称号；授予张伯礼、张定宇、陈薇"人民英雄"国家荣誉称号；授予王文教、王有德、王启民、王继才、布茹玛汗·毛勒朵、朱彦夫、李保国、都贵玛、高德荣"人民楷模"国家荣誉称号；授予热地"民族团结杰出贡献者"国家荣誉称号；授予董建华"'一国两制'杰出贡献者"国家荣誉称号；授予李道豫"外交工作杰出贡献者"国家荣誉称号；授予樊锦诗"文物保护杰出贡献者"国家荣誉称号……

这两次颁授国家勋章和国家荣誉称号，由全国人大常委会全票通过相关决定，经国家主席签发主席令授予，是第一次以"中华人民共和国"的名义授予国家最高荣誉、第一次以"国家主席令"的方式授予国家最高荣誉，是实施现行宪法有关规定的重要实践，彰显了宪法精神，具有创制性意义。

国家功勋荣誉表彰制度是我国宪法确立的一项重要治理方式。早在1949年9月，中国人民政治协商会议第一届全体会议通过的《中华人民共和国中央人民政府组织法》，就对"制定并颁发国家的勋章、奖章，制定并授予国家的荣誉称号"作出了明确规定。1954年宪法，首次确认了国家勋章和国家荣誉称号制度的宪法地位。1955年2月，一届全国人大常委会第七次会议通过了《中华人民共和国授予中国人民解放军在中国人民革命战争时期有功人员的勋章奖章条例》以及有关决议。根据1954年宪法和上述条例，1955年和1957年，国家开展了两次规模宏大的集中授勋，均是经全国人大常委会作出有关决议，由时任国家主席毛泽东发布授勋令，对人民解放军在革命战争时期的有功人员6.1万多人，授予各种勋章 10 万余枚。

现行宪法恢复了 1954 年宪法有关国家功勋荣誉表彰制度的规定，为了确保宪法规定的这项重要制度落到实处，有必要制定关于功勋和荣誉称号方面的专门法律。20 世纪 80 年代，全国人大常委会法制工作委员会会同有关部门着手研究起草国家勋章和国家荣誉法。1993 年 10 月，八届全国人大常委会第四次会议初次审议了这部法律草案，但由于各方面在实行追授及其范围等问题上意见分歧较大，法律草案被搁置，之后终止了审议。党的十八大以来，党中央高度重视功勋荣誉表彰工作，决定构建"1+1+3"的党和国家功勋荣誉表彰制度体系，即党中央制定一个指导性文件，全国人大常委会制定一部法律，有关方面分别制定党内、国家、军队 3 个功勋荣誉表彰条例。2015 年 12 月，十二届全国人大常委会第十八次会议高票通过了国家勋章和国家荣誉称号法，这是对宪法所确立的国家功勋荣誉表彰制度的具体规定，是一部关于国家最高荣誉的专门法律。

根据现行宪法有关规定和国家勋章和国家荣誉称号法，2019 年在庆祝新中国成立 70 周年之际，十三届全国人大常委会第十三次会议作出了《关于授予国家勋章和国家荣誉称号的决定》，弘扬社会主义核心价值观，凝聚民族精神和时代精神。2020 年在新冠肺炎疫情防控人民战争、总体战、阻击战取得重大战略成果之际，十三届全国人大常委会第二十一次会议作出了《关于授予在抗击新冠肺炎疫情斗争中作出杰出贡献的人士国家勋章和国家荣誉称号的决定》，强化国家尊崇和民族记忆，展示中华儿女众志成城、不畏艰险、愈挫愈勇的民族品格。

　　崇尚英雄才会产生英雄，争做英雄才能英雄辈出。至高无上的国家荣誉献给英雄模范，激励和引领亿万中国人民见贤思齐、凝心聚力，在民族复兴新征程上乘风破浪、砥砺奋进。

"两次特赦"的宪法依据

慎刑恤囚、明刑弼教，是中华法治文明的优良传统。《汉书·平帝纪》载："夫赦令者，将与天下更始。诚欲令百姓改行洁己，全其性命也。"遇有重要庆典、重大事件，行大赦、曲赦、德音之令，给行差有错的百姓一个改过自新的机会，这是中国政治"宽宥之道"的历史传统。

新中国成立之初，毛泽东、周恩来等老一辈领导人酝酿、推动并成功实施了特赦政策，为我国宪法正式确立特赦制度积累了有益经验。1954 年宪法赋予全国人民代表大会"决定大赦"、全国人大常委会"决定特赦"的职权，同时规定国家主席根据全国人大及其常委会的决定，发布大赦令和特赦令。据此，1959 年在新中国成立 10 周年之际，二届全国人大常委会第九次会议通过了《关于特赦确实改恶从善的罪犯的决定》。当天，刘少奇发布中华人民共和国主席令，"对于经过一定期间的劳动改造、确实改恶从善的蒋介石集团和伪满洲国的战争罪犯、反革命罪犯和普通刑事罪犯，实行特赦。"①这次特赦是由毛泽东代表中共中央向全国人大常委会提出的书面建议，成为新中国实行宪法特赦制度的第一次实践。毛主席在谈到这次特赦时说，"这是个人民的问题，不单是那些人的问题，要人民能接受。""按照宪法，叫特赦，不是大赦，我们不干大赦这个事。"②从1960年到1975年，专门对战争罪犯先后又实施了6次特赦，释放了全部在押战犯。

现行宪法确立了全国人大常委会"决定特赦"的职权，删去了1954年宪法规定的大赦制度。刑法、刑事诉讼法等也都对特赦所涉及的刑事责任问题作了规范。

随着依法治国、依宪治国理念深入人心，在现行宪法施行33年、1975年决定特赦40年之后，为纪念中国人民抗日战争暨世界反法西斯战争胜利70周年，2015年8月29日十二届全国人大常委会第十六次会议高票通过了《关于特赦部分服刑罪犯的决定》。同日，国家主席习近平签署发布特赦令，对参加过中国人民抗日战争、中国人民解放战争等4类部分服刑罪犯实行特赦。这是新中国成立以来的第8次特赦，也是直接适用宪法有关规定的一次创新实践。时隔不到4年，十三届全国人大常委会第十一次会议又通过了《关于在中华人民共和国成立七十周年之际对部分服刑罪犯予以特赦的决定》，国家主席习近平再次签署发布特赦令，特赦对象的范

---

① 《建国以来重要文献选编》第12册，中央文献出版社1996年版，第577页。
② 《毛泽东年谱（一九四九——一九七六）》第四卷，中央文献出版社2013年版，第181页。

围由 2015 年 4 类增加到了 9 类，增加了新中国成立以后为国家重大工程建设做过较大贡献并获得省部级以上"劳动模范"等荣誉称号的、曾是现役军人并获得个人一等功以上奖励的等特赦情形，体现了以功覆过、原情议刑的宽宥理念，是直接适用宪法有关规定的又一次重要实践。

依宪特赦，彰显法治、德政。2015 年、2019 年，经人民法院依法裁定，全国共特赦服刑罪犯 55120 人。这两次特赦都是在党和国家重要历史时刻、关键时间节点实行的，彰显了我们党的执政自信和制度自信，进一步展现开放、民主、文明、法治的大国风范；体现了我们党法安天下、德润人心的仁政，进一步树立新时代盛世伟邦的形象；弘扬了全面依法治国的理念，进一步营造维护宪法制度、尊重宪法权威的社会氛围。

全国人大专门委员会首次冠以"宪法"之名

2018 年 3 月 13 日，十三届全国人大一次会议第四次全体会议表决通过了大会关于设立十三届全国人大专门委员会的决定。10 个专门委员会中，最引人关注的是更名后的宪法和法律委员会。两天前，大会表决通过的第五个宪法修正案，将宪法第七十条第一款中规定的全国人大"法律委员会"改为"宪法和法律委员会"。由此，十三届全国人大宪法和法律委员会依法产生，这是全国人大专门委员会名称上第一次出现"宪法"一词。

作为宪法和法律委员会的前身，全国人大法律委员会可以追溯到 1954 年宪法设立的"法案委员会"。制定 1982 年宪法过程中，为强化全国人大专门委员会职能，以法案委员会为基础，宪法第七十条第一款规定，全国人大设立法律委员会，主要负责法律草案的统一审议工作。当时，关于如何监督宪法的实施？成为宪法修改委员会和学术界关注的一个热点问题。一些人建议在全国人大设立宪法委员会，作为监督宪法实施的专门机构。在五届全国人大五次会议审议宪法修改草案时，宪法工作小组组长胡绳在主席团会上就此作了说明。他说，如果整个一个国家宪法的每一个条文，从每一件国家大事以至每一个公民的自由权利都有一个专门的机构来保证，这是不可能的。现在在我们国家要保证宪法的实施，设立一个什么样的最高权力机构合适呢？实际上还只能是全国人大常委会。所以，现在我们的宪法规定，人大常委会负有监督宪法实施的责任。宪法修改委员会副主任委员彭真补充说，按照宪法规定，全国人大和它的常委会设六个专门委员会，凡是人大和它的常委会认为有违反宪法的问题，就可以交有关专门委员会去研究。彭真和胡绳的说明，得到了代表们的认可。这次大会通过的 1982 年宪法，没有规定设立宪法委员会。

随着社会主义法治建设的深入推进，保证宪法全面有效实施成为全面依法治国的基础性工程。2017 年，党的十九大鲜明提出："加强宪法实施和监督，推进合宪性审查工作，维护宪法权威"。有关健全监督宪法实施的专门机构问题，再次成为各方面关注的重大课题。经过深入研究，广泛听取意见，2018 年 2 月 28日，党的十九届三中全会通过《深化党和国家机构改革方案》，提出将"全国人大法律委员会"更名为"全国人大宪法和法律委员会"。这是党中央完善全国人大专门委员会设置、加强宪法实施和监督的一项重大举措。几天后召开的十三届全国人大一次会议完成了修改宪法的重大任务，正式在宪法中规定全国人大设立宪法和法律委员会。大会选举产生了十三届全国人大宪法和法律委员会，由主任委员、副主任委员和委员共 19 人组成。

2018 年 6 月，十三届全国人大常委会第三次会议作出《关于全国人民代表大会宪法和法律委员会职责问题的决定》，明确新设立的宪法和法律委员会在继续承担统一审议法律草案工作的基础上，增加推动宪法实施、开展宪法解释、推进合宪性审查、加强宪法监督、配合宪法宣传等 5 项工作职责。在有关法律规定修改之前，由全国人大常委会作出专门规定，对一个专门委员会的职责及时予以明确，这在人大历史上还是第一次。

为了服务保障全国人大常委会、宪法和法律委员会履行好加强宪法实施和监督的职责，全国人大常委会法制工作委员会增设宪法室，具体承担推动宪法实施、开展合宪性审查等工作，积极回应涉及宪法有关问题的社会关切。近年来，合宪性审查工作机制不断健全完善，探索建立涉及宪法问题的事先审查、咨询制度和事后审查制度，在立法修法过程中常态化开展合宪性研究，稳妥处理涉宪性问题。

从"全国法制宣传日"到"国家宪法日"

　　宪法的根基在于人民发自内心的拥护，宪法的伟力在于人民真诚的信仰。2014 年 11 月，十二届全国人大常委会第十一次会议作出《关于设立国家宪法日的决定》，以立法形式将 12 月 4 日设立为"国家宪法日"，明确国家通过多种形式开展宪法宣传教育活动。这是我们党和国家推进宪法宣传教育机制化、常态化的一项重要举措，有利于弘扬宪法精神、维护宪法权威、捍卫宪法尊严、保证宪法实施。

　　为什么要设立国家宪法日，还要从"全国法制宣传日"谈起。改革开放初期，党和国家深刻总结历史经验教训，作出加强社会主义法制建设的重大决策部署，全民法制教育成为法制建设的重要内容和基础性工作。"把法律交给十亿人民"，成为各级党政机关的一项历史重任。1985 年 6 月，中宣部、司法部联合召开全国法制宣传教育工作会议，专题研究"用 5 年左右时间达到在全体公民中基本普及法律常识"、"使我国法制宣传教育工作经常化、制度化、系统化"等问题。同年 11 月 5 日，中共中央、国务院转发了中宣部、司法部《关于向全体公民基本普及法律常识的五年规划》。十几天后，六届全国人大常委会第十三次会议通过了《关于在公民中基本普及法律常识的决议》，由此开启了在亿万人民群众中开展法制宣传教育的宏大工程。这是中国特色社会主义法治建设的一大创举。

30 多年来，我国已连续实施了 8 个五年普法规划，每一个都是由全国人大常委会作出相关决议并推动实施的。从"一五"普法的"十法一条例"到"八五"普法提出一切有接受教育能力的公民都要接受法治宣传教育，宪法的宣传教育始终摆在首要位置，作为普法的重要内容。2001 年 4 月 26 日中共中央、国务院转发的《中央宣传部、司法部关于在公民中开展法制宣传教育的第四个五年规划》中，第一次明确将我国现行宪法实施日即 12 月 4 日，作为每年的全国法制宣传日。普法的重点在于"普宪"，每年的全国法制宣传日都围绕不同的主题宣传宪法。党的十八大以来，以习近平同志为核心的党中央从坚持和发展中国特色社会主义的全局和战略高度定位法治、布局法治、厉行法治。党的十八届四中全会首次专题研究部署全面推进依法治国这一基本治国方略，明确提出将每年 12 月 4 日定为国家宪法日，在全社会普遍开展宪法教育，弘扬宪法精神。2014 年 11 月，十二届全国人大常委会以国家立法形式设立国家宪法日，同全国法制宣传日是同一天，国家根本法在治国理政中的地位进一步凸显。国家宪法日的设立，是一项润物无声的人心工程，对形成宪法至上、守法光荣的良好氛围起到了有力促进作用。

迄今，我国共举办 9 次国家宪法日活动，在第一个、第三个、第五个国家宪法日来临之际，习近平总书记先后 3 次作出重要指示。2014 年 12 月，在首个国家宪法日到来之际，习近平总书记指示："宪法是国家的根本法，是治国安邦的总章程，是党和人民意志的集中体现，具有最高的法律地位、法律权威、法律效力。我国宪法是符合国情、符合实际、符合时代发展要求的好宪法，是我们国家和人民经受住各种困难和风险考验、始终沿着中国特色社会主义道路前进的根本法制保证。坚持依法治国首先要坚持依宪治国，坚持依法执政首先要坚持依宪执政。要坚持党的领导、人民当家作主、依法治国有机统一，坚定不移走中国特色社会主义法治道路，坚决维护宪法法律权威。要以设立国家宪法日为契机，深入开展宪法宣传教育，大力弘扬宪法精神，切实增强宪法意识，推动全面贯彻实施宪法，更好发挥宪法在全面建成小康社会、全面深化改革、全面推进依法治国中的重大作用。"[①]2016 年 12 月，在第三个国家宪法日到来之际，习近平总书记对"五四宪法"历史资料陈列馆作出指示："中国共产党领导人民制定了'五四宪法'。设立'五四宪法'历史资料陈列馆，对开展宪法宣传教育、增强社会主义民主法治意识、推动尊法学法守法用法具有重要意义。开展宪法宣传教育是全面依法治国的重要任务。'五四宪法'历史资料陈列

---

① 习近平：《论坚持全面依法治国》，中央文献出版社 2020 年版，第 126—127 页。

馆要坚持党的领导、人民当家作主、依法治国有机统一，努力为普及宪法知识、增强宪法意识、弘扬宪法精神、推动宪法实施作出贡献。"①2018年12月，在第五个国家宪法日到来之际，习近平总书记指示："坚持依法治国首先要坚持依宪治国，坚持依法执政首先要坚持依宪执政。我国现行宪法是在党的领导下，在深刻总结我国社会主义革命、建设、改革实践经验基础上制定和不断完善的，实现了党的主张和人民意志的高度统一，具有强大生命力，为改革开放和社会主义现代化建设提供了根本法治保障。党领导人民制定和完善宪法，就是要发挥宪法在治国理政中的重要作用。要用科学有效、系统完备的制度体系保证宪法实施，加强宪法监督，维护宪法尊严，把实施宪法提高到新水平。要在全党全社会深入开展尊崇宪法、学习宪法、遵守宪法、维护宪法、运用宪法的宣传教育活动，弘扬宪法精神，树立宪法权威，使全体人民都成为社会主义法治的忠实崇尚者、自觉遵守者、坚定捍卫者。"②

---

① 习近平:《论坚持全面依法治国》，中央文献出版社2020年版，第127页。
② 习近平:《论坚持全面依法治国》，中央文献出版社2020年版，第127—128页。

处理辽宁拉票贿选案的创制性安排

时间回溯到 2013 年 1 月，辽宁省十二届人大一次会议选举全国人大代表过程中，有 45 名当选的全国人大代表拉票贿选，有 523 名辽宁省人大代表收受钱物，涉及面之广、涉案人数之多、情节之恶劣、性质之严重，触目惊心，发人深省。

辽宁拉票贿选案，是新中国成立以来查处的第一起发生在省级层面、严重违反党纪国法、严重破坏党内选举制度和人大选举制度的重大案件。严肃依纪依法查处拉票贿选案，充分彰显了以习近平同志为核心的党中央全面依法治国、全面从严治党的鲜明态度和坚定决心，决不允许以任何形式破坏社会主义民主法治。

2016 年，随着中央巡视组两次巡视，辽宁拉票贿选案的"盖子"逐渐被揭开。9 月 13 日，十二届全国人大常委会决定召开临时会议，审议通过了代表资格审查委员会的有关报告，依法确定辽宁省 45 名拉票贿选的全国人大代表当选无效。此前，涉案的省人大代表已由原选举单位接受其辞职或者被罢免终止了代表资格。辽宁省十二届人大常委会原有组成人员 62 名,其中 38 名组成人员因涉案代表资格终止,其省人大常委会组成人员的职务相应终止。这就造成辽宁省人大常委会组成人员不足半数,无法召开常委会会议履行职责。一个省级人大常委会出现这种情况,新中国历史上还没有过,需要根据我国宪法和有关法律精神作出创制性安排。为此,十二届全国人大常委会第二十三次会议作出了《关于成立辽宁省十二届人大七次会议筹备组的决定》,明确筹备组是代行省人大常委会部分法定职权的临时性机构,负责筹备并召集辽宁省十二届人大七次会议、办理省人大代表资格终止后的备案和公告等事项。

全国人民代表大会及其常委会负有监督宪法和法律实施的重要职责。无论是"临时筹备组"的成立,还是由全国人大常委会作出相关决定,在我国现行宪法和有关法律中都是没有明确规定的。对于特殊情况,根据宪法精神和有关法律原则,一般采取由上一级人大常委会作出决定,成立筹备性机构,代行法定机关职权的做法。十二届全国人大常委会作出创制性安排,根据宪法精神和有关法律原则,决定成立临时筹备组,代行省人大常委会部分职权,妥善应对辽宁省人大常委会"瘫痪"状况。这开创了我国宪法实施的新路径,在实践中丰富了宪法的内涵、展现了宪法的活力。

2016 年 9 月 17 日上午,筹备组第一次会议在辽宁沈阳召开,决定辽宁省十二届人大第七次会议于 11 月 1 日举行。一个多月后,省人大会议选举产生了 31 名省人大常委会委员、通过了 84 名省人大专门委员会组成人员,如期完成了党中央交付的重要政治任务。

走进"五四"宪法历史资料陈列馆

在杭州，北山路是最令人沉醉的地方之一，不但有清雅的景致，更有厚重的历史。

走近北山路北侧，沿着小路拾阶而上，在香橼、枇杷树映衬下，一栋依山而建的青灰色二层小楼出现在眼前——北山路 84 号大院 30 号楼。当年，毛泽东同志率领宪法起草小组成员，在这里起草了新中国第一部宪法草案的初稿，史称"西湖稿"，为"五四宪法"的诞生奠定了重要基础。

正是因为"五四宪法"，杭州在中国的宪法史上留下了浓墨重彩的一笔，也收获了弥足珍贵的历史财富、红色基因。黄炎培在《人民的宪法》中慨叹："谁知道：这最美丽的中华人民的宪法，当初起草，是在最美丽的杭州人民的西湖！"

2016 年 12 月 4 日，第三个国家宪法日来临之际，"五四宪法"历史资料陈列馆正式建成开放，习近平总书记专门作出重要指示。

这是我国第一家以宪法为主题的陈列馆，生动展现党领导人民制定宪法的光辉历史，让制宪、修宪历程从尘封的档案中走出来，成为可聆听、可观看、可讲述的中国故事、宪法故事。陈列馆分为北山街、栖霞岭两个馆区。北山街馆区是毛泽东同志当年起草宪法时的办公地，在复原的场景中，书桌上整齐排列着一摞摞各国宪法文本和资料，全面展现了"五四宪法"诞生过程和深远意义，成为"搞宪法是搞科学"的历史见证；栖霞岭馆区设有《宪法就在我们身边》主题展览，旨在宣传解读1982年宪法，讲述"什么是宪法，宪法规定了什么，宪法如何实施"，让参观者听得懂、记得住、用得上。陈列馆被命名为全国爱国主义教育示范基地、全国法制宣传教育基地等，截至2022年12月31日，累计接待参观者182万人次，举办"法治大讲堂"63场，"宪法微课堂"等讲座160场，在宪法宣传教育中发挥着独特的阵地作用。

"欢迎您来到'五四宪法'历史资料陈列馆参观。这里是中华人民共和国第一部宪法——1954年宪法的起草地……"伴随着讲解员富有穿透力、感染力的声音，一批又一批大中小学生、干部群众走进陈列馆，在一件件珍贵的宪法文物、历史资料前驻足观看、交流品味，感受着那段激情燃烧的光辉岁月，体会着越是久远、愈加深沉的宪法力量。

后 记

习近平总书记指出，"宪法的根基在于人民发自内心的拥护，宪法的伟力在于人民出自真诚的信仰"。加强宪法宣传教育，讲好中国宪法故事，是树立宪法自信、推动宪法全面实施的基础性工作。在我国现行宪法公布施行 40 周年之际，我们组织编写《中国宪法故事》一书。这是一本关于我国宪法历史、宪法制度、宪法实践的普及读物。编写这本书的初衷，就是通过讲述一个个生动鲜活的宪法故事，展现中国宪法的显著优势、坚实基础和强大生命力，弘扬宪法精神，推动宪法深入人心，让尊崇宪法、学习宪法、遵守宪法、维护宪法、运用宪法成为全体人民的自觉行动。

十三届全国人大常委会秘书长、机关党组书记杨振武主持本书编写工作，从谋篇布局、内容选取到标题文字全过程研究、修改、把关，并为本书作序。全国人大常委会办公厅研究室、法工委宪法室的同志认真收集、查阅文献资料，共同讨论、反复打磨、数易其稿，力求做到客观准确、深入浅出，让读者感兴趣、看得懂、有启发。全国人大常委会办公厅研究室主任宋锐、法工委宪法室主任雷建斌具体负责统稿。各篇章执笔分工如下：第一篇闫然，第二篇曲頔，第三篇饶权，第四篇秦蓁，第五篇田威。姬黎枭同志参加审改。郑子璇、袁宇萱、赵恒毅等同志参与文稿校核、出版联络工作。人民出版社编辑为本书的出版付出了辛勤的努力。

宪法是一门大学问，宪法宣传教育是一篇大文章。编写者水平所限，本书难免有不足、疏漏之处，请读者不吝赐教。

本书编写组
2023 年 1 月

责任编辑：任　哲
封面设计：石笑梦
版式设计：顾杰珍
责任校对：刘　青

图书在版编目（CIP）数据

中国宪法故事／本书编写组　著 . — 北京：人民出版社，2023.2
ISBN 978 - 7 - 01 - 025475 - 3

I. ①中⋯　II. ①本⋯　III. ①宪法 - 中国 - 通俗读物　IV. ① D921.04

中国国家版本馆 CIP 数据核字（2023）第 033099 号

中国宪法故事

ZHONGGUO XIANFA GUSHI

本书编写组

人民出版社 出版发行

（100706　北京市东城区隆福寺街 99 号）

北京中科印刷有限公司印刷　新华书店经销

2023 年 2 月第 1 版　2023 年 2 月北京第 1 次印刷
开本：710 毫米 × 1000 毫米 1/16　印张：11.5
字数：150 千字

ISBN 978 - 7　01　025475 - 3　定价：42.00 元

邮购地址 100706　北京市东城区隆福寺街 99 号
人民东方图书销售中心　电话（010）65250042　65289539